Andrea Lammert ist als Reisejournalistin seit Jahren im Norden und Osten Deutschlands unterwegs. Bei ihrer Recherche wurde sie unterstützt von Mareike Mage, die als Künstlerin und Autorin in Weimar lebt.

 Familientipps
 Diese Unterkünfte haben behindertengerechte Zimmer
 In diesen Unterkünften sind Hunde erlaubt

Preise für ein Doppelzimmer mit Frühstück:

€€€€ ab 100 €   €€ ab 50 €
€€€ ab 80 €   € bis 50 €

Preise für ein dreigängiges Menü ohne Getränke:

€€€€ ab 40 €   €€ ab 15 €
€€€ ab 25 €   € bis 15 €

Inhalt

Willkommen in Weimar und Erfurt   4

MERIAN-TopTen
Höhepunkte, die Sie sich nicht entgehen lassen sollten 6

MERIAN-Tipps
Tipps, die Ihnen die unbekannten Seiten der Städte zeigen 8

Zu Gast in Weimar und Erfurt   10

In Weimar

Übernachten 12
Essen und Trinken 16
Einkaufen 22
Am Abend 26
Feste und Events 30
Familientipps 34
grüner reisen 36

In Erfurt

grüner reisen 36
Übernachten 40
Essen und Trinken 44
Einkaufen 48
Am Abend 52
Feste und Events 56
Familientipps 60

◄ Erfurts Fischmarkt mit Blick auf schöne Patrizierhäuser sowie das Rathaus (► S. 97).

Unterwegs in Weimar und Erfurt 62

In Weimar

Sehenswertes 64
Von Bauhaus-Universität über Park an der Ilm bis Schloss Belvedere

Im Fokus – Das Bauhaus 76

Museen 78
Von Goethes und Schillers Wohnhaus bis Wittumspalais

Spaziergänge 84
Altstadt..........................85
Südstadt 86
Östliches Zentrum 89

In Erfurt

Sehenswertes 90
Von Alter Synagoge über Augustinerkloster bis Mariendom

Im Fokus – Jüdisches Museum ..100

Museen 102
Von Angermuseum über Kunsthalle Erfurt bis Naturkundemuseum

Spaziergänge 106
Erfurts dörfliche Ecken 107
Geschäftiges Erfurt 109
Grüne Entdeckungen 110

Ausflüge rund um Weimar und Erfurt 112

Großkochberg mit Goethewanderweg 114
Ilmtalradweg, Buchfart und Bad Berka 115
Die Feengrotten von Saalfeld 117
Junge Universitätsstadt Jena 118
Die Dornburger Schlösser 120
Zum Stausee Hohenfelden 122

Wissenswertes über Weimar und Erfurt 124

Auf einen Blick 126
Geschichte 128
Reisepraktisches von A–Z 130
Kartenlegende 139

Kartenatlas 140
Kartenregister 148
Orts- und Sachregister 154
Impressum 160

✳ Karten und Pläne

Weimar Innenstadt .... Klappe vorne
Erfurt Innenstadt .... Klappe hinten
egapark 111
Jena 119

Weimar, Erfurt und Umgebung 123
Kartenatlas 139–147
Die Koordinaten im Text verweisen auf die Karten, z. B. ► S. 140, B 3.

Extra-Karte zum Herausnehmen .... Klappe hinten

Willkommen in Weimar und Erfurt. Obwohl oft im Doppelpack gebucht und so nah beieinander, ist jede Stadt eine Welt für sich – und ein Wochenend-Trip scheint viel zu kurz.

Weimar fasziniert – schon beim ersten Stadtbummel spüren die Besucher die besondere Ausstrahlung des Ortes. Als kleine Residenz liegt es zwischen Erfurt und Jena und glänzt vor allem mit seiner Vergangenheit als Goethestadt. Der Dichter hat immerhin 50 Jahre seines Lebens hier verbracht und zahlreiche Spuren in Weimar hinterlassen. So gestaltete er etwa den Ilmpark, das Schloss oder auch das Nationaltheater. Doch auch jenseits von Goethe bleibt Weimar ein Lieblingsplatz von Berühmtheiten: Friedrich Schiller, Johann Gottfried Herder und Christoph Martin Wieland prägten den Klassizismus und die berühmten musischen Tafelrunden der Herzogin Anna Amalia. Ihr ist eine der schönsten Buchsammlungen Deutschlands zu verdanken – die nach ihr benannte Herzogin Anna Amalia Bibliothek. Obwohl im Rokokostil erbaut, gilt Weimar als Klassizismus pur, in keiner anderen deutschen Stadt wird diese Epoche derart zelebriert. Kutschen klappern über das Kopfsteinpflaster, und Häuser strahlen mit ihren gepflegten Fassaden in Pastelltönen.

Geigenklänge allerorten

Weimar ist aber auch die Stadt der Musik. Überall, so scheint es, hat die Musikhochschule kleine Dependancen, und übende Studenten erfüllen

◀ Bei einer Stadtführung durch Weimar (▶ S. 134) erfahren Besucher viele interessante Geschichten und Anekdoten.

die Straßen und Gassen mit ihrer Musik. Das macht Weimar zu einem wirklichen Erlebnis. Am Morgen im Schloss Belvedere sehen Besucher Tautropfen auf den Blättern im Garten glitzern und lauschen den Geigenklängen, die aus den Räumen des Musikgymnasiums tönen. Auf dem Weg zu Anna Amalias Wittumspalais dringen satte Chorgesänge, schön wie von CD, aus den Dachfenstern, hinter denen die Musikstudenten proben.
Am allerschönsten ist ein Weimar-Besuch zur Zeit der Lindenblüte Ende Mai. Dann breitet sich der süße Duft wirklich über das ganze Gebiet aus. Im Ilmpark mischt sich Jasmin darunter, so trägt die Stadt ihre ganz eigene Parfümnote und betört damit so manche Berühmtheit. Marlene Dietrich nahm hier Musikunterricht, Johann Sebastian Bach wirkte in Weimar ebenso wie Franz Liszt. Max Liebermann, Lyonel Feininger, Paul Klee, Friedrich Nietzsche, Lucas Cranach und Walter Gropius hinterließen ihre Spuren. So viele Berühmtheiten hat die Stadt, dass nahezu an jedem Haus ein Schild zu finden ist: »Hier wohnte einst …«

Kirchen und Klöster

In Erfurt tragen die Häuser fantasievolle Bezeichnungen. Sie heißen etwa »Zum Einhorn« oder »Zum Güldenen Hecht«. Diese Häusernamen erinnern an eine Tradition aus dem Mittelalter, als viele Menschen nicht lesen und schreiben konnten. Deshalb wurden die Bauten mit entsprechenden Schildern ausgestattet. Und daneben finden sich weitere Schilder: »Hier wohnte Martin Luther«. Er hat in der Stadt der fast 100 Kirchen und Klöster einst seine geistliche Karriere begonnen. Erfurt bleibt eine Stadt des Glaubens, hier predigte Meister Eckhart, und 2011 war selbst der Papst in der Stadt zu Gast.
Doch das wirklich Faszinierende an Erfurt ist vielleicht seine Sonderstellung. Erfurt hat niemals wirklich zu Thüringen gehört, erst stand es unter Mainzer Verwaltung, dann wurde es preußisch oder gar schwedisch. Dass Erfurt einst reich war, ist den Häusern heute noch anzusehen. In Erfurt verzaubern die schmuckvollen Patrizierhäuser mit ihren detailreichen Verzierungen – allen voran das Haus zum Breiten Herd am Fischmarkt, aber auch die kleinen Häuschen rund um das Andreasviertel erstrahlen liebevoll herausgeputzt. Erfurt steckt voller baulicher Kleinode. Sie sind frisch saniert, bisweilen gar zu neuen Museen geworden wie die Alte Synagoge mit ihrem erstaunlichen Schatz.

Parks und dörfliche Idylle

Beide Städte überraschen mit grünen Oasen mitten im urbanen Trubel. Die kleinen Inseln in der Gera, gleich hinter der Erfurter Krämerbrücke, erinnern eher an dörfliche Idylle des 20. Jh. als an eine Landeshauptstadt. Nur wenige Schritte entfernt jedoch pulsiert das Leben, etwa in der Fußgängerzone rund um den Fischmarkt – oder auch am Mariendom.
Insgesamt sind Weimar und Erfurt zwar Zeugnisse vergangener Zeiten, aber keineswegs ist die Zeit stehen geblieben. Beide sind Studentenstädte – und immer mehr junge Menschen bleiben nach dem Studium und geben den Läden, Cafés und Kulturhäusern ein ganz eigenes modernes Gesicht.

MERIAN-TopTen
MERIAN zeigt Ihnen die Höhepunkte der beiden Städte: Das sollten Sie sich bei Ihrem Besuch in Weimar und Erfurt nicht entgehen lassen.

 Bauhaus-Universität, Weimar
Als Geburtsstätte einer wegweisenden Stilrichtung bleibt sie ein sehenswertes Zeugnis des Bauhausstils (▸ S. 65).

 Herzogin Anna Amalia Bibliothek, Weimar
Mit ihrem Rokokosaal eine der schönsten Bibliotheken Deutschlands, hier hat schon Goethe gelesen (▸ S. 69).

 Schloss Tiefurt, Weimar
Bemerkenswertes Anwesen von Herzogin Anna Amalia, vor allem wegen der Grünanlagen einen Besuch wert (▸ S. 74).

 Goethes Wohnhaus und Goethe-Nationalmuseum, Weimar
Goethes Wohnhaus gibt tiefe Einblicke in das Leben des berühmten Dichters (▸ S. 79).

 Schillers Wohnhaus, Weimar
Das Zuhause des jungen Schriftstellers führt in sein Privatleben als Familienvater, Weinliebhaber und Frühaufsteher (▸ S. 82).

 Wittumspalais, Weimar
In das hübsche Schloss mit seinen prunkvollen Möbeln lud Herzogin Anna Amalia zu ihren Tafelrunden (▸ S. 83).

 Alte Synagoge, Erfurt
Die älteste vollständig erhaltene Synagoge Europas ist vor allem für ihren wieder gefundenen Schatz bekannt (▸ S. 92, 101, 103).

 Augustinerkloster, Erfurt
Hier begann Luthers Weg in die Kirche – seine Klosterzelle ist heute noch im Augustinerkloster zu sehen (▸ S. 92).

Krämerbrücke, Erfurt
Die längste mit Häusern bebaute Brücke Europas ist nicht nur ein sehenswertes Denkmal, sondern lockt den Besucher mit ungewöhnlichen Geschäften (▸ S. 95).

 Mariendom, Erfurt
Majestätisch thront er über Erfurt – zusammen mit der St.-Severi-Kirche ein einmaliges Bauensemble (▸ S. 95).

MERIAN-Tipps
Mit MERIAN mehr erleben. Nehmen Sie teil am Leben der beiden Städte und entdecken Sie Weimar und Erfurt, wie es nur Einheimische kennen.

1 San, Weimar
Frische koreanische Küche, dazu außergewöhnliche Teesorten und selbst getöpfertes Geschirr (▶ S. 17).

2 Anno 1900, Weimar
Einmalige alte Kaffeehaus-Atmosphäre im Wintergarten mit Jugendstilausstattung. Hier hat schon Kafka vor sich hingegrübelt (▶ S. 21).

3 Mineralienladen, Weimar
Mineralien, skurrile Samen oder Schmetterlinge bis unter die Decke – Goethe hätte seine Freude gehabt (▶ S. 24).

4 Kinderprogramm der Klassik Stiftung, Weimar
Man schreibt mit Federkiel oder schneidet Schattenbilder aus. Auch toll: Entdeckertouren mit Rucksack (▶ S. 35).

5 Goldhelm Schokolade, Erfurt
Handgerollte Pralinen mit exotischen Geschmacksrichtungen wie Pfingstrose schmelzen auf der Zunge (▶ S. 47).

6 Villa Haage, Erfurt
Fast so schön wie ein Strandurlaub: Backsteinvilla mit Pool und Palmen. Abends herrliche Illumination (▶ S. 53).

 Theater in der Kapelle, Erfurt
Romantischer Theaterbesuch: Die aus dem 13. Jh. stammende Maria-Magdalenen-Kapelle erweist sich als eine ganz besondere Kulisse (▸ S. 55).

 Spielplatz im egapark, Erfurt
Ein Paradies für Kinder – mit dem größten Spielplatz Thüringens, Bauernhof und vielen Matschplätzen (▸ S. 61).

 Musikgymnasium Belvedere, Weimar
Ein Gymnasium für hochbegabte Kinder. Stehen bleiben und den Übungsklängen zu lauschen ist wie ein kleines Konzerterlebnis (▸ S. 73).

 Forum Konkrete Kunst, Erfurt
In der alten Kirche auf dem Petersberg wird moderne Kunst ausgestellt – ein spannender Gegensatz (▸ S. 105).

Jugendstilflair breitet sich aus, wenn man im Anno 1900 (▶ MERIAN-Tipp, S. 21) sitzt – im Sommmer draußen, im Winter drinnen bei köstlichem Kakao.

Zu Gast in
Weimar und Erfurt

Thüringer Gastfreundschaft ist jung: Viele Hotels und Restaurants sind in den vergangenen Jahren entstanden und bieten dem Reisenden modernen Komfort.

Übernachten in Weimar
Die Stadt bietet eine reiche Hotellandschaft mit vielen jungen Häusern und familiärer Atmosphäre. Doch auch eine Reihe alteingesessener Unterkünfte konnte ihre Tradition bewahren.

◀ Weimars Hotelangebot ist sehr vielseitig – hier das Hotel Amalienhof (▶ S. 13) mit seiner Lilientapete.

Wer nach Hotels in Weimar sucht, hat die Wahl: lieber in einem historischen Haus oder in einem neuen privaten übernachten? In den ehrwürdigen Hotels finden sich fast immer Spuren berühmter Dichter und Musiker. Berühmtestes Haus am Platz ist das **Hotel Elephant**, das bereits 1696 als Wirtshaus in Betrieb war. Die Gästeliste der Luxusunterkunft liest sich wie das »Who's who« der Stadt: Franz Liszt, Johann Gottfried von Herder, Leo Tolstoi, Albert Einstein, Richard Wagner, Thomas Mann und Lyonel Feininger wohnten hier – und natürlich Goethe und Schiller. Viele dieser Häuser knüpfen an die Tradition der Stadt an und halten ihre Einrichtung im klassizistischen Stil.

Pension als Alternative

Charakteristisch für Weimar ist vor allem das reiche Angebot an Pensionen, die oftmals ganz neu eröffnet, in farbenfrohem Design eine echte Alternative bieten. Gerade für längere Weimar-Aufenthalte lohnt es sich, nach einem Apartment zu schauen, in dem man sich auch mal schnell ein Essen kochen kann. Neben den Hotels stehen zudem mehr als 100 Privatvermieter mit rund 250 Betten zur Verfügung – viele davon sind über das Tourismusamt zu buchen.

Aufschläge auf die Zimmer gibt es vor allem zur Zeit des Zwiebelmarktes. Ganz typisch ist die Kulturförderabgabe: Zusätzlich zum Preis fällt immer pro Person und Übernachtung noch 1 € Steuer an. Es lohnt sich, bei der Zimmersuche auf der Seite des Tourismusamts nach Sonderangeboten und Aktionen zu suchen: www.weimar.de/de/tourismus/startseite

---

Preise für ein Doppelzimmer mit Frühstück:
€€€€ ab 100 €   €€ ab 50 €
€€€ ab 80 €   € bis 50 €

HOTELS €€€€

Dorint Am Goethepark Weimar
▶ Klappe vorne, d 5

Moderne Kunst • Das Dorint-Hotel am Beethovenplatz liegt zentral hinter Goethes Wohnhaus. Ein besonderer Tipp sind die Apartments in der Dingelstedt-Villa. Sie sind mit außergewöhnlichen Bildern eines jungen Weimarer Malers ausgestattet und haben sogar eine kleine Küchenzeile. Gut für längere Aufenthalte. Altstadt • Beethovenplatz 1/2 • Bus: Wielandplatz • Tel. 0 36 43/87 20 • http://hotel-weimar.dorint.com • 143 Zimmer • ♿ • 🐾 • €€€€

Dorotheehof Weimar ⚑
▶ S. 141, nordöstl. D 1

Gutshausidylle am Stadtrand • Das Gut war einst Obst- und Gemüselieferant von Schloss Tiefurt. Heute wachsen dort noch 70 Obstbäume und zwischen Buchsbäumen Kräuter aus der Goethezeit: Pimpernelle, Melde, Mangold und Erdbeerspinat. In sonnigen Farbtönen eingerichtete Zimmer, modern nachempfunder Stil der Goethezeit. Schöner Ausblick. Schöndorf • Dorotheenhof 1 • Bus: Ernst-Busse-Straße • Tel. 0 36 43/ 45 90 • www.dorotheenhof.com • 56 Zimmer • ♿ • 🐾 • €€€€

Hotel Amalienhof
▶ Klappe vorne, c 5

Historisches Haus • 1826 im klassizistischen Stil gebaut, Lilientapete wie

zu Goethes Zeit. Unbedingt ausprobieren: ein Frühstück auf der Dachterrasse. Kultursalon jeden dritten Mittwoch im Monat um 19 Uhr.
Altstadt • Amalienstr. 2 • Bus: Wielandplatz • Tel. 0 36 43/54 90 • www.amalienhof-weimar.de • 23 Zimmer • €€€€

Hotel Elephant ▶ Klappe vorne, d 4
Der Klassiker in Weimar • Immerhin hat es das Haus in einen Roman von Weltruf geschafft. Thomas Manns »Lotte in Weimar« spielt hier. Schon 1696 als Wirtshaus gegründet, war es nicht nur zur Goethezeit das namhafteste Hotel der Stadt. Moderne Hoteleleganz, das einzige Fünf-Sterne-Superior-Hotel Thüringens gehört heute zur Starwood-Kette.
Altstadt • Markt 19 • Bus: Wielandplatz • Tel. 0 36 43/80 20 • www.hotelelephantweimar.com • 99 Zimmer • €€€€

Russischer Hof ▶ Klappe vorne, b 2
Gediegenes Ambiente im Zentrum • Hier wohnte einst Franz Liszt, ein Bodenrelief im Foyer erinnert an seinen Aufenthalt ebenso wie der Flügel im Atrium. Mahagonimöbel, Blattgold, Kronleuchter und flämische Gobelins dominieren den Stil. Wiener Kaffeehaus mit eigener Konditorei. Sauna und Dampfbad. Einige Zimmer mit kleiner Küche und Dachterrasse.
Altstadt • Goetheplatz 2 • Bus: Goetheplatz • Tel. 0 36 43/77 40 • www.russischerhof.com • 126 Zimmer • ♿ • 🐾 • €€€€

HOTELS €€€
Ferienwohnungen Am Lottenbach 🍴 ▶ S. 140, A 4
Liebevoll restauriert • Farbenfroh und individuell eingerichtetes Backsteinhaus. Die Ferienwohnung Lotte hat vier Schlafzimmer, ein eigenes Esszimmer, Küche mit Getreidemühle und Goethekochbuch. Außerhalb des Zentrums, lauschiger Garten, kostenlos telefonieren. Mit Ökostrom.
Westvorstadt • Paul-Schneider-Str. 63 • Bus: Jahnstraße • Tel. 0 36 43/20 59 20 • www.weimar-reise.de • 3 Ferienwohnungen, 1 Ferienwohnung in der Altstadt • €€€

Hotel Kaiserin Augusta
▶ S. 140, C 1
Historisches Hotel • Zentral am Hauptbahnhof gelegen, von den oberen Zimmern schöner Blick auf die Stadt. Reichhaltiges Frühstück.
Nordvorstadt • Carl-August-Allee 17 • Bus: Carl-August-Allee • Tel. 0 36 43/23 40 • www.hotel-kaiserin-augusta.de • 134 Zimmer • €€€

Hotel Leonardo 🍴 ▶ S. 142, E 7
Schön gelegen am Ilmpark • Das Haus gehört zu den Luxushotels der Stadt. Sauna, Schwimmbad, Whirlpool. Kinder bis 12 Jahre schlafen gratis im Elternzimmer. Fahrradverleih.
Südstadt • Belvederer Allee 25 • Bus: Falkenburg • Tel. 0 36 43/72 20 • www.leonardo-hotels.de • 294 Zimmer • ♿ • 🐾 • €€€

La Casa dei Casa Colori (Haus der Farben) ▶ Klappe vorne, c 3
Nach Goethes Farbenlehre • In dieser Herberge suchen sich Gäste ihr Zimmer nach ihrer Lieblingsfarbe aus. Laut Goethe sollen ja »einzelne Farben besondere Gemütsstimmungen geben.« Moderne Pension, hübsch im italienischen Stil eingerichtet.
Altstadt • Eisfeld 1a • Bus: Goetheplatz • Tel. 0 36 43/48 96 40 • www.casa-colori.de • 10 Zimmer • €€€

Übernachten in Weimar

HOTELS €€

Hotel am Frauenplan
▶ Klappe vorne, c 4

Zentrale Lage • Typische Hotelzimmer der Mittelklasse. Charmanter, lebhafter Innenhof, gutes Preis-Leistungs-Verhältnis. Wer die Anna-Amalia-Suite bucht, hilft beim Wiederaufbau der brandgeschädigten Bibliothek: 5% des Zimmerpreises gehen als Spende an die Bibliothek.
Altstadt • Brauhausgasse 10 • Bus: Wielandplatz • Tel. 0 36 43/4 94 40 • www.hotel-am-frauenplan.de • 48 Zimmer • €€

Das kleine Hotel ▶ S. 140, A 4

Umgebaute Villa • Spielecke für Kinder, Erkerzimmer mit Küche, gepflegter Garten mit Grillecke, dazu überlange Betten für große Menschen.
Westvorstadt • Jahnstr. 18 • Bus: Jahnstraße • Tel. 0 36 43/8 35 30 • www.das-kleine-hotel.de • 14 Zimmer • €€

Kleine Residenz am Schloss
▶ Klappe vorne, d 3

Tochter des berühmten »Resi« • Ganz modern eingerichtete Zimmer, direkt am Ilmpark und ideal für Jogger. Auch als Familienunterkunft geeignet, teilweise Terrasse, kostenloses Telefonieren. Stilvolle Unterkunft.
Altstadt • Grüner Markt 7 • Bus: Wielandplatz • Tel. 0 36 43/74 32 70 • www.residenz-pension.de • 7 Zimmer • €€

Pension Mariposa
▶ Klappe vorne, d 3

Klein aber fein • Sehr stylisches, modernes Haus. Schnörkellose Zimmer, jedes in einem anderen Stil. Orientzimmer mit Designer-Himmelbett, Empirezimmer mit großer Sonnenterrasse, sogar ein Bauhauszimmer.
Altstadt • Obere Schlossgasse 3 • Bus: Wielandplatz • Tel. 0 36 43/7 73 70 60 • www.mariposa-weimar.de • 5 Zimmer • €€

Villa Hentzel ▶ S. 142, C 6

Hübscher Altbau • Hier wohnte schon der Anthroposoph Rudolph Steiner – eine klassizistische Villa mit hellen Zimmern, teilweise Stuckdecken, direkt an der Bauhaus-Universität gelegen. Sehr freundlicher Service, kostenlose Parkplätze.
Südstadt • Bauhausstr. 12 • Bus: Bauhaus-Universität • Tel. 0 36 43/8 65 80 • www.hotel-villa-hentzel.de • 17 Zimmer • €€

HOTELS €

Blauer Hof ▶ S. 123, c 1

Landidylle • Für Reisende, die das Abgeschiedene mögen: romantische thüringische Dorfidylle im Drei-Seiten-Hof, etwas außerhalb von Weimar gelegen und mit Busanbindung. Freundliche Zimmer, drei Ferienwohnungen, das Schloss Belvedere ist etwa eine Stunde Fußweg entfernt.
Possendorf • Am Dorfplatz 10 • Bus: Possendorf • Tel. 0 36 43/84 93 23 • www.arku-weimar.de • €

Labyrinth-Hostel
▶ Klappe vorne, b 2

Geheimtipp • Low-Budget-Niveau mit Stil, jedes Zimmer wurde von einem anderen Künstler gestaltet. Besonders für Familien geeignet, da die Zimmer über viele Betten verfügen. Das Bad befindet sich auf dem Flur. Gemeinschaftsküche und Lounge im Innenhof. Zentral gelegen.
Altstadt • Goetheplatz 6 • Bus: Goetheplatz • Tel. 0 36 43/81 18 22 • www.weimar-hostel.com • 14 Zimmer • €

Essen und Trinken in Weimar

Die Thüringer mögen Klöße mit Bierfleisch und natürlich ihre Bratwurst – am liebsten direkt vom Grill auf die Hand. Aber auch der mediterrane Einfluss ist spürbar.

◂ Im Restaurant San (▸ MERIAN-Tipp, S. 17) gibt es koreanische Spezialitäten in selbst getöpfertem Geschirr.

Spätestens an der Speisekarte erkennen Reisende, dass sie in Thüringen sind. **Setzeier** (Spiegeleier) oder **Brätl** (Schweinekammsteaks) finden sich dort an der Seite von **Hüllerchen** (in Schinkenspeck gebratene Klöße). Während man sich unter Schwarzbiergulasch vielleicht noch etwas vorstellen kann, müssen Ortsunkundige bei Gerichten wie **Räuberbraten** schon mal nachfragen. Vieles, was in Weimar auf den Tisch kommt, ist deftig und sehr schmackhaft. Goethe selbst soll am meisten seinen **Schöpsenbraten** (Lammrücken) vermisst haben, wenn er sich von Weimar entfernt hatte. Er bat sogar seine Frau Christiane, ihm einen solchen zu schicken. Wer speisen möchte wie der Dichter einst, geht heute in den Elephantenkeller oder ins Gasthaus Zum weißen Schwan.

Historische Gaststuben

Auf dem Weg dorthin zieht den Reisenden immer wieder ein Duft in die Nase: **Rostbratwurst**. Sie gehört zur Stadt wie die Schillerstraße. Und noch etwas muss unbedingt auf den Teller in Thüringen: **Klöße**. Die Weimarer servieren sie nicht nur gekocht zu Rotkohl, sondern auch in Scheiben gebraten und an Ziegenkäse.

Wer in Weimar essen geht, genießt aber nicht nur die Speisen, sondern vor allem das Umfeld. Historische Häuser, alte Gaststuben mit bewegter Geschichte beherbergen Weimars Gastronomie. Manche, wie das Anno 1900, waren zu DDR-Zeiten sogar Supermarkt oder Mensa. Besonders schön aber sind die vielen Straßenrestaurants und Cafés, die die lebendige Atmosphäre der Stadt prägen. Hier sitzt man draußen unter schattigen Bäumen, und nicht selten spielt irgendwo noch eine Band.

Preise für ein dreigängiges Menü:
€€€€ ab 40 €   €€ ab 15 €
€€€ ab 25 €   € bis 15 €

ASIATISCH
Sushi Bar & Café
▸ Klappe vorne, c 5

Saftig und frisch • Hier schmeckt der Reis dezent würzig, alle Zutaten sind frisch und die Sushi vielfältig. Häufig essen die Studenten an der nahe gelegenen Bauhaus-Universität im Stehen. Ausprobieren: Maki-Varianten mit Frischkäse. Mensa-Preise.
Altstadt • Schützengasse 9 • Bus: Wielandplatz • Tel. 0 36 43/49 23 31 • Mo–Fr 11–23, Sa 18–23 Uhr • €

MERIAN-Tipp

SAN   ▸ Klappe vorne, c 3
Ein wirklich außergewöhnliches Restaurant versteckt sich hinter der pastellfarbenen Putzfassade: Hier wird authentisch koreanisch gekocht: »Gimbap« (eine Form von Sushi) oder koreanische Maultaschen. Zu empfehlen sind auch die Tees, etwa der Pflaumentee. Manche Gerichte werden im Feuertopf am Tisch gekocht. Die Inhaberin macht nicht nur das Essen selbst, sondern auch das Geschirr. Gutes Preis-Leistungs-Verhältnis.
Altstadt • Eisfeld 4 • Bus: Goetheplatz • Tel. 0 36 43/25 89 42 • Di–So 12–22 Uhr • €

ZU GAST IN WEIMAR UND ERFURT

FRANZÖSISCH/MEDITERRAN
Crêperie du Palais
▶ Klappe vorne, c 3

Beste Crêpes • Französische Leckerbissen sind vor allem die »galettes« – Buchweizenpfannkuchen mit fantasievollen Füllungen wie Leberpastete oder Ziegenkäse mit Olivenpaste. Alles leicht und lecker. Schönste Sitzgelegenheit draußen in Weimar.
Altstadt • Am Palais 1 • Bus: Goetheplatz • Tel. 0 36 43/40 15 81 • www.creperie-weimar.de • tgl. 10– 24 Uhr • €

GOURMETKÜCHE
Anna Amalia ▶ Klappe vorne, d 4

Sterngekrönt • Der einzige Sternekoch Thüringens ist Marcello Fabbri in Weimars Anna Amalia. Seine Küche ist mediterran geprägt, doch auch ein Thüringer Einfluss wird nicht verleugnet. Dabei finden viele saisonale Zutaten Verwendung. Kulinarischer Spitzenreiter der Stadt.
Altstadt • Markt 19 • Bus: Wielandplatz • Tel. 0 36 43/80 20 • www.hotelelephantweimar.com • Mo-Fr 6.30–10.30, Sa, So 7–11, Di-Sa 18.30–23.30 Uhr • €€€€

Charlotte ▶ Klappe vorne, d 5

Perfekt fürs Candle-Light-Dinner • Pfiffig renoviertes Kellergewölbe: rosafarbene Wände, helle, schnörkellose Möbel. Ideal für ein romantisches Dinner zu zweit. Regionale Spezialitäten werden fantasievoll mit exotischen Zutaten gemischt, etwa Sauerampfernudeln mit Pinienkernen oder Rehrücken mit Feigenchutney und Quarknocken.
Altstadt • Seifengasse 16 • Bus: Wielandplatz • Tel. 0 36 43/48 93 20 • www.yexx.com/charlotte • Di–So 12–24 Uhr • €€€

INTERNATIONAL
Scenario ▶ S. 140, C 2

Auch für Vegetarier • Moderne Mischung aus deutscher Küche mit südeuropäischen Einflüssen. Auf der Karte stehen beispielsweise Lauch-Gorgonzola- oder kalte Gurkenschaumsuppe, aber auch Klassiker wie Hähnchenbrustfilet oder Armer Ritter. Sogar vegetarische Schnitzel sind zu haben. Futuristisches Design.
Nordvorstadt • Meyerstr. 39 • Bus: Meyerstraße • Tel. 0 36 43/77 77 77 • www.scenario-weimar.de • tgl. 9– 24 Uhr • €€

ITALIENISCH
Pizzeria da Antonio
▶ Klappe vorne, c 3–4

Leckerste Pizza • Im Sommer DER Platz mitten im Zentrum Weimars: Unter schattigen Bäumen sitzen und die Kutschen übers Kopfsteinpflaster fahren sehen. Und auf dem Teller die leckerste Pizza der Stadt, zubereitet nach alten Originalrezepten. Gutes Preis-Leistungs-Verhältnis.
Altstadt • Windischenstr. 33 • Bus: Goetheplatz • Tel. 0 36 43/49 01 19 • www.pizzeria-da-antonio.net • tgl. 10–24 Uhr • €€

Versilia ▶ Klappe vorne, c 4–d 4

Spezialitäten aus der Toskana • Hier schmeckt nicht nur die Pasta frisch, auch die traditionelle italienische Küche wird ideenreich weiterentwickelt: Carpaccio vom Schwertfisch oder Strauß. Ein beliebter Treffpunkt für die Weimarer zum Mittagstisch. Sonntags Brunch mit warmen und kalten Speisen vom Büfett.
Altstadt • Frauentorstr. 17 • Bus: Wielandplatz • Tel. 0 36 43/77 03 59 • www.versilia-weimar.de • tgl. 11– 24 Uhr • €€

REGIONALE SPEZIALITÄTEN
Elephantenkeller 🍴
▶ Klappe vorne, d 4

300 Jahre Gastlichkeit • Historisches Ambiente, in diesen Kellergewölben tafelten schon Goethe und Schiller. Wer sich hier auf ein naturtrübes hauseigenes Elephantenkellerbier sowie einen kleinen Snack verabredet, trifft eine gute Wahl. Und auch die Klöße werden noch handgerollt.
Altstadt • Markt 19 • Bus: Wielandplatz • www.hotelelephantweimar.com • Tel. 0 36 43/80 20 • Do–Di 12–15, 18–24 Uhr • €€

Johanns Hof ▶ Klappe vorne, c 3
Lokale Weine • Behaglich moderne Kaffeehaus-Atmosphäre, geprägt von den grünen und roten Wänden. Es wird nach der Saison gekocht, die Weine lassen eine Spezialisierung auf das Saale-Unstrut-Tal erkennen.
Altstadt • Scherfgasse 1 • Bus: Goetheplatz • Tel. 0 36 43/49 36 17 • www.johannshof-weimar.de • Mo–Do 17–23, Fr–So 11–23 • €€

Köstritzer Schwarzbierhaus
▶ Klappe vorne, c 2–3

Gutes Preis-Leistungs-Verhältnis • Im schönsten Fachwerkhaus der Stadt lässt sich's gut Klöße essen – gekocht oder ausgebacken in Fett, dazu Bierfleisch oder Sauerbraten. Vegetarier freuen sich auf den hausgemachten Kräuterquark.
Altstadt • Scherfgasse 4 • Bus: Goetheplatz • Tel. 0 36 43/77 93 37 • www.koestritzer-schwarzbierhaus-weimar.de • tgl. 11–1 Uhr • €€

Scharfe Ecke ▶ Klappe vorne, c 3
Beste Klöße • Viele Weimarer sind sicher: Bessere Kartoffelklöße gibt es nur bei Mutti. Also auf jeden Fall die Spezialität des Hauses probieren – mit Sauerbraten oder Hirschgulasch. Ebenfalls sehr lecker: gebratene Klöße mit Ziegenkäse oder pur.
Altstadt • Eisfeld 2 • Bus: Goetheplatz • Tel. 0 36 43/20 24 30 • Mi–Sa 11–14.30, 17–23, So 11–14.30, 17–22 Uhr • €€

Das Scenario (▶ S. 18) bietet eine reiche Auswahl an vegetarischen Gerichten.

Zum Schwarzen Bären
▶ Klappe vorne, d 4

Spezialitäten vom Holzkohlegrill • Eine echte Thüringer Bratwurst gehört auf den Holzkohlegrill – so wie im Gasthaus Zum Schwarzen Bären. Neben den Bratwürsten und Sauerbraten gibt es Köstritzer Schwarzbiergulasch. Gehört zu den ältesten Gasthäusern der Stadt.
Altstadt • Markt 20 • Bus: Wielandplatz • Tel. 0 36 43/85 38 47 • www.schwarzer-baer.de • Mo–So 11– 24 Uhr • €€

Zum weißen Schwan
▸ Klappe vorne, c 4–d 4

Goethes Gasthaus • Direkt neben Goethes Wohnhaus gelegen, hierhin lud schon der Dichterfürst seine Gäste ein. Auch Lucas Cranach d. Ä. hat im Schwan Thüringer Köstlichkeiten genossen, etwa Klöße oder Sauerbraten. Auf der Karte steht auch Goethes Lieblingsgericht: Rindfleisch mit Frankfurter grüner Sauce. Altstadt • Frauentorstr. 23 • Bus: Wielandplatz • Tel. 0 36 43/90 87 51 • www.weisserschwan.de • Mai–Sept. Di–So 12–23, Okt.–April Di–Sa 12–23 Uhr • €€

Zum Zwiebel ▸ Klappe vorne, c 2

Gutbürgerliche Hausmannskost • Rostbratwürste mit Sauerkraut und Kartoffelbrei oder Thüringer Brätel, in wahrlich großen Portionen. Und als Abschluss lockt das Vanilleeis mit warmen Himbeeren. Das Ambiente zeigt sich so rustikal wie die Küche. Altstadt • Teichgasse 6 • Bus: Goetheplatz • Tel. 0 36 43/50 23 75 • www.zum-zwiebel.de • Di–Do 17–24, Fr–So 11–1 Uhr • €€

Zur Sonne ▸ Klappe vorne, c 1

Deftig und preiswert • Hier stehen Thüringer Spezialitäten auf der Karte. Touristen lieben besonders das Goethe-Menü. Ein Haus mit Tradition. Etwas in die Jahre gekommene Gaststube, dafür Mittagessen für 5 €. Altstadt • Rollplatz 2 • Bus: Goetheplatz • Tel. 0 36 43/80 04 10 • Mo–Sa 7–24, So 8–23 Uhr • €

SCHNELL
Brasserie Central
▸ Klappe vorne, c 1

Große Auswahl an Frühstücken • Das Champagner-Frühstück für zwei

Goethes Hausrestaurant war Zum weißen Schwan (▸ S. 20), beliebt für seine Thüringer Spezialitäten. Die Frankfurter Sauce hatte es dem Dichterfürsten besonders angetan.

oder schnelle Mahlzeiten im französischen Stil. Besonders empfehlenswert der schnelle Mittagstisch von 11.30 bis 14 Uhr: Hacksteak oder Roulade für 5,50 €. Saisonale Küche, diverse Crêpe-Varianten.
Altstadt • Rollplatz 8 a • Bus: Goetheplatz • Tel. 0 36 43/85 27 74 • www.brasserie-weimar.de • tgl. 10–1 Uhr • €

Gasthof Luise ▶ Klappe vorne, c 5
Beste Pommes • Wer die schnelle Portion Pommes sucht, ist hier richtig. Im Gasthof Luise gibt es nach Meinung vieler die besten Fritten der Stadt in einer riesigen Schüssel, dazu wird eine Sauciere mit Ketchup und eine mit Mayonnaise gereicht.
Altstadt • Wielandplatz 3 • Bus: Wielandplatz • Tel. 0 36 43/90 58 19 • tgl. 17–1 Uhr • €

Rostbratwurst ▶ Klappe vorne, c 5
Die beste Bratwurst Weimars • Das Lokal liegt direkt gegenüber von Goethes Wohnhaus. Ein Verkäufer an einem schlichten Metallstand dreht die Würste der Fleischerei Blässe über der Holzkohle. Besonders köstlich schmeckt die altbewährte Spezialität natürlich mit Senf.
Altstadt • Frauenplan • Bus: Wielandplatz • tgl. 10–19 Uhr • €

CAFÉS
Residenz-Café ▶ Klappe vorne, d 3
Traditionelles Kaffeehaus • Ein Besuch ist Pflicht – das Residenz-Café ist in Weimar eine Institution. Das älteste Kaffeehaus der Stadt präsentiert sich gediegen in der Einrichtung, leicht und jung in der Auswahl der Speisen. Besonders gutes Frühstück. Die meisten Gäste kommen ganz klassisch zum Kaffeetrinken.

MERIAN-Tipp

ANNO 1900 ▶ Klappe vorne, c 3
Und wenn es nur ein schneller Kaffee ist – ins 1900 sollten Weimar-Gäste zumindest einmal eingekehrt sein. Unvergleichliche alte Atmosphäre im Wintergarten mit romantischer Jugendstilausstattung. Hier hat schon Kafka gegrübelt. Herrlich für einen Kakao im Winter.
Altstadt • Geleitstr. 12 a • Bus: Goetheplatz • Tel. 0 36 43/ 90 35 71 • www.anno1900-weimar.de • Mo–Fr 12–24, Sa, So 9–24 Uhr • €€

Altstadt • Grüner Markt 4 • Bus: Wielandplatz • Tel. 0 36 43/5 94 08 • www.residenz-cafe.de • tgl. 8–1 Uhr • €€

Café-Laden ▶ Klappe vorne, c 2
Für Kaffeeliebhaber • Kaffeefreunde probieren sich durch und testen, welche Sorte am leckersten als Espresso, Mokka und Latte Macchiato schmeckt. Im Sommer Sandstrand-Garten, Sandkiste für Kinder.
Altstadt • Karlstr. 8 • Bus: Goetheplatz • Tel. 0 36 43/49 58 50 • www.cafeladen-weimar.de • Mo–Sa 10–22 Uhr • €

Eiscafé Dolomiti
▶ Klappe vorne, d 4
Variantenreiches Eisvergnügen • Ganze 34 Eissorten stehen zur Auswahl. Oder man kühlt sich bei einer »Granita« ab. Sahniges Softeis.
Altstadt • Markt 3 • Bus: Wielandplatz • Tel. 0 36 43/50 44 58 • www.dolomiti-weimar.de • April–Okt. tgl. 9–20, So 10–20, Nov.–März tgl. 9–19, So 10–19 Uhr • €

Einkaufen in Weimar
Einen Einkaufsbummel zu machen lohnt sich. Hier findet sich wirklich noch ein lebendiger Einzelhandel mit vielen individuellen Läden, von der Mode über Schuhe bis hin zum Schmuck.

◄ Klein aber fein: Die Kaffeerösterei (▶ S. 23) am Herderplatz serviert einen der aromatischsten Kaffees der Stadt.

Weimar hat nicht nur Goethe inspiriert. Noch immer geht von der kleinen Stadt an der Ilm ernorme Kreativität aus. Schon auf den ersten Blick in die Schaufenster der Innenstadt wird deutlich, dass Einkaufsbummler in Weimars Altstadt noch das Besondere finden, ganz abseits der allseits bekannten Ladenketten. Die hat Weimar geschickt nach außerhalb des eigentlichen Zentrums verlegt, etwa in das Einkaufszentrum Atrium an der Friedensstraße.

Fantasievolle Unikate

Im Quartier zwischen Graben und Steubenstraße erfrischen einheimische **Designer** und **Handwerker** mit ihren ganz eigenen Ideen. Sei es die junge Modemacherin Clara Apfelkorn mit ihren verspielten Kleidern oder die Taschendesignerin Petra Hermann – was aus Weimar kommt, hat meist Pfiff und Unikatcharakter. Gerade rund um die Windischenstraße und die Kaufstraße haben sich viele sehenswerte Geschäfte angesiedelt. Das Angebot reicht vom Seifengeschäft über Retroshops mit DDR-Produkten bis hin zu Modemachern – alles made in Weimar. Im Gegensatz zu Erfurt steht Weimar nicht in der Tradition einer alten Handelsstadt – und beweist dennoch, dass der Einzelhandel fortlebt.

Kleine inhabergeführte Läden fördert Weimar mit einer besonderen Initiative, der Qualitätsroute. Damit will die Kulturstadt dem Trend entgegenstehen, dass eine Innenstadt wie die andere aussieht. Ein eigener Stadtplan samt Internetauftritt zeigt die Wege zu kleinen Geschäften jenseits der Ketten. Und wer trotzdem noch Kaufhäuser & Co. sucht, wird rund um den Theaterplatz fündig.

ANTIKES
Antiquariat Wolfgang Burk
▶ Klappe vorne, c 1

Eine alte Kanone mitten im Laden, dahinter ein Puppenhaus samt Kaufmannsladen aus der Goethezeit. Es darf ausgiebig in den alten Büchern geschmökert werden.
Altstadt • Rollplatz 4 • Bus: Goetheplatz • Mo–Fr 10–18, Sa 10–14 Uhr

KAFFEE
Weimarer Kaffeerösterei
▶ Klappe vorne, d 3

Hier heißen die Haussorten Bauhaus, Anna Amalia oder Johann Sebastian Bach. Erste Kaffeerösterei nach der Wende, auch Bio-Sorten. Allein schon wegen des Duftes eine Einkehr wert.
Altstadt • Herderplatz 16 • Bus: Goetheplatz • www.die-weimarer-kaffeeroesterei.de • Mo–Fr 9.30–18.30, Sa 9.30–18, So 13–18 Uhr

KLEIDUNG UND TASCHEN
Krawatten-Kaiser
▶ Klappe vorne, c 3

Ein Muss für Schlipsträger ist dieses Minigeschäft direkt am Wittumspalais mit mehr als 1000 Krawatten zur Auswahl, von flippig bis zeitlos.
Altstadt • Schillerstr. 22 • Bus: Goetheplatz • Mo–Fr 10–18, Sa 10–13 Uhr

Lieblingsstücke Weimar
▶ Klappe vorne, d 3

Romantische Damenmode, Accessoires mit Blumenmotiven, die Figur umschmeichelnde Schnitte. Inhaberin Franziska Spindler hat all ihre Lieblingsstücke zusammengetragen.

Altstadt • Vorwerksgasse 9 • Bus: Goetheplatz • www.lieblingsstuecke-weimar.de • Mo–Fr 10–19, Sa 10–16 Uhr

twh design point
▸ Klappe vorne, c 3

Taschen im puristischen Stil, teils angelehnt an die Bauhausoptik. Designerin Petra Hermann hat mit ihren Werken mehrere Preise gewonnen. Sie arbeitet ökologisch mit Materialien wie Filz, Leder oder LKW-Plane.
Altstadt • Geleitstr. 15 • Bus: Goetheplatz • www.twh-weimar.de • Mo–Fr 10–18, Sa 10–16 Uhr

KOSMETIK
Seife & Sinne ▸ Klappe vorne, c 4

Lavendel-Schafmilch-Seife, Blaue Ziege oder Sternenstaub heißen die Seifen. Viele sind von Hand gesiedet, mit natürlichen Inhaltsstoffen und appetitlich wie ein Kuchen. Tipp: Lindenblüte in Weimar, da bleibt der Sommerduft auch zu Hause in der Nase.
Altstadt • Windischenstr. 13 • Bus: Goetheplatz • www.seife-sinne.de • Mo–Fr 10–18, Sa 10–16 Uhr

KUNSTHANDWERK
Lebensart am Palais
▸ Klappe vorne, c 3

Keramikskulpturen für den Garten, Tassen in ausgefallenem Design oder Kinderspielzeug mit Pfiff – wer hier fündig wird, bekommt nicht nur Unikate, sondern unterstützt zudem das örtliche Lebenshilfe-Werk.
Altstadt • Marktstr. 22 • Bus: Goetheplatz • Mo–Fr 10–18, Sa 10–14 Uhr

Lederkunst ▸ S. 143, östl. F 8

Mousepads müssen nicht aus Kunststoff sein! Bei Lederkunst ist alles aus Leder, mal bemalt, mal graviert. Sogar Postkarten, Kettenanhänger und Stühle fertigt die Künstlerin.
Oberweimar • Plan 4 • Bus: Plan Oberweimar • Tel. 0 36 43/49 08 30 • www.trillhaase.de • Do offene Werkstatt 10–19 Uhr, sonst nach Vereinbarung

Moccarot Keramikatelier
▸ Klappe vorne, c 3

Im Sortiment sind Tassen, Flaschen und Teeservice in modernen Formen und Erdtönen. Ein witziges Mitbringsel sind Tassen mit Tiermotiven oder die lustigen Holzbrettchen.
Altstadt • Marktstr. 15 • Bus: Goetheplatz • www.moccarot.de • Di–Fr 11–18, Sa 11–14 Uhr

Unikat – Ein Laden
▸ Klappe vorne, c 3

Weimarer Kunsthandwerker präsentieren ihre schönsten Stücke. Von der Lederware über Filztaschen, Hüte, Schmuck bis zu Glaskunst. Bezahlbare Alternative zur Stangenware.

MERIAN-Tipp

MINERALIENLADEN
▸ Klappe vorne, c 4

Wer beim Betrachten von Goethes Mineraliensammlung Feuer für Versteinerungen gefangen hat, ist hier richtig: Die Mineralien- und Fossilienhandlung Peter Gensel ist ein Erlebnis. Eingeschlossene Insekten, seltene Mineralien, skurrile Samen und sogar Schmetterlinge bis unter die Decke.
Altstadt • Schillerstr. 18 • Bus: Wielandplatz • www.mineralien undfossilien-weimar.de • Mo–Sa 10–18, So 12–18 Uhr

Einfach betörend duften die Seifen der kleinen Boutique Seife & Sinne (▶ S. 24). Ein Souvenir der besonderen Art ist die Sorte »Lindenblüte in Weimar«.

Altstadt • Marktstr. 5 • Bus: Goetheplatz • www.unikat-einladen.de • Mo–Fr 10–19, Sa 10–16 Uhr

MESSER
Planquadrat   ▶ Klappe vorne, d 3

Pilzmesser, Gartenmesser, Schnitzmesser, Brotmesser, französische Taschenmesser oder handgeschmiedete Scheren – alles feinste Qualität.
Altstadt • Kaufstr. 24 • Bus: Goetheplatz • www.planquadrat-weimar.de • Mo–Fr 9–19, Sa 10–16 Uhr

SCHMUCK
Goldschmiede Schädlich

▶ Klappe vorne, d 4

Heimliches Wahrzeichen Weimars ist das Ginkgo-Blatt. Das von Goethe so verehrte Blatt gibt es bei Schädlich in vielen Variationen: als Ohrring, Kettenanhänger oder Krawattennadel.
Altstadt • Frauentorstr. 1 • Bus: Wielandplatz • www.goldschmiede-schaedlich.de • Mo–Fr 9.30–18, Sa 10–16 Uhr

Ring Weimar   ▶ Klappe vorne, c 4

Außergewöhnliche Ringe, gestaltet von Schmuckdesignern – und fast zu schön zum Tragen. Regelmäßig werden auch Ausstellungen organisiert.
Altstadt • Windischenstr. 19 • Bus: Goetheplatz • www.ring-weimar.de • Mo–Fr 10–18, Sa 10–16 Uhr

SOUVENIRS
Museumladen   ▶ Klappe vorne, d 4

Außergewöhnliche Souvenirs, ob Holzklötze im Bauhausstil, Goetheplastik oder Faksimiles von Schriften berühmter Weimarer Dichter. Die Shops finden sich bei den Museen der Klassik Stiftung und in der Frauentorstraße. Mit Onlineshop.
Altstadt • Frauentorstr. 4 • Bus: Wielandplatz • www.klassik-stiftung.de

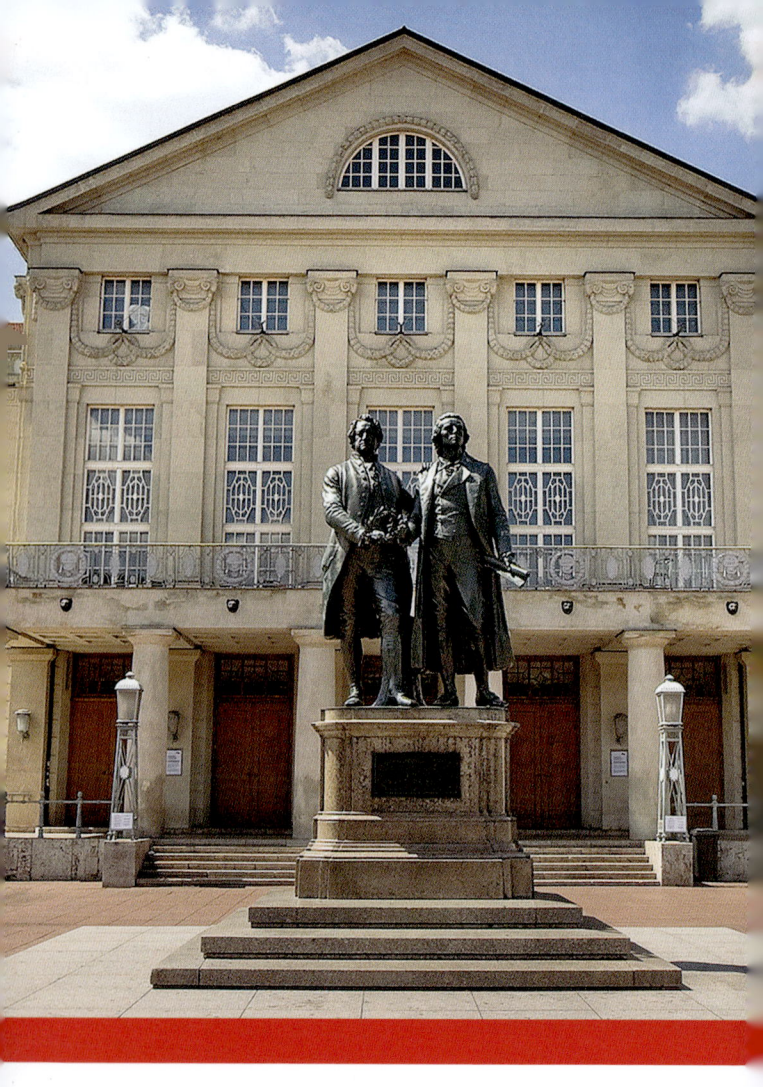

Am Abend in Weimar
Nummer eins der Abendveranstaltungen ist das Nationaltheater. Aber nicht nur klassische Kultur findet der Besucher, die Studenten haben viele junge Veranstaltungszentren gegründet.

◄ Im Nationaltheater (▶ S. 29) wirkten nicht nur Goethe und Schiller, hier wurde auch die Weimarer Republik gegründet.

Wer in Weimar ausgeht, denkt zuallererst an das **Nationaltheater**. Hier hatte schon Goethe die Leitung innegehabt und Schiller seine Stücke selbst inszeniert. Später wurde das Theater als politische Weltbühne bekannt, als dort 1919 die Nationalversammlung zusammentrat und nach dem Ersten Weltkrieg die Weimarer Republik gegründet wurde – erstmals mit einer demokratischen Verfassung. Man wählte Weimar, weil Berlin zu vorbelastet schien. Reichspräsident Friedrich Ebert legte im Theater seinen Eid auf die Verfassung ab. Nur wenige Jahre später fungierte das Haus während des Zweiten Weltkriegs als Rüstungsfabrik.

Lebhafte Studentenszene

Dass das Theater heute in der Kleinstadt Weimar noch eigenständig ist, ist der Initiative der Weimarer zu verdanken. Unter Protest verhinderten sie 2002 eine Zusammenlegung des Nationaltheaters mit dem Theater Erfurts. Ein einmaliges Modell wurde geboren: Das Theater wurde in eine wirtschaftlich eigenständige GmbH umgewandelt – und spielt seinen Etat heute selbst ein.

Ausgehen in Weimar steht irgendwie immer im Zeichen von Goethe und Schiller, ob im Nationaltheater oder im **Theater im Gewölbe**. Doch als Studentenstadt hat Weimar mehr zu bieten als Klassiker. Es haben sich viele junge Bühnen gegründet, die zeitgenössische Stücke aufführen.

Und wer dann noch immer nicht zurück ins Hotel will, der sucht eine der vielen Bars Weimars auf. Den letzten »Absacker« trinken eingefleischte Nachtschwärmer traditionell in der Wunderbar. Sie ist Teil der besetzten Häuser in der Gerberstraße (Nr. 3).

BARS

Divan ▶ Klappe vorne, c 4
Orientalisches Flair mit Wasserpfeife im Innenhof. Freitags Bauchtanz. So–Do ab 22 Uhr »Oriental Hour« – Cocktails 4,50 €. Nachmittags freuen sich Kinder über den Sandkasten.
Altstadt • Brauhausgasse 10 • Bus: Wielandplatz • www.divan-cafe.de • So–Do 10–1, Fr, Sa 10–3 Uhr

Felsenkeller ▶ S. 142, B 6
Hier wird schon seit dem Jahr 1875 das Deinhard-Bier gebraut. Genießer sitzen zwischen großen Kupferkesseln. Einzigartig im Aroma: Honigbräu und Kartoffelbräu.
Südstadt • Humboldtstr. 37 • Bus: Cranachstraße • www.felsenkeller-weimar.de • Di–Sa 11–24, So 11–22 Uhr

Plan Bar ▶ Klappe vorne, c 1
Täglich Musik vom DJ-Pult, hübsches, kleines Bistro, der Szenetreff in Weimar. Farbenfrohes Design als Stimmungsaufheller, zahlreiche Studenten aus dem gegenüberliegenden Wohnheim, moderate Preise.
Altstadt • Jakobsplan 6 • Bus: Friedensstraße • www.planbar-we.de • tgl. ab 18 Uhr

Sommers Weinstuben
 ▶ S. 142, C 5
Kein Besuch ohne einen Wein bei Sommers. In der historischen Gaststube sitzen die Nachtschwärmer vor dem Kachelofen oder im romantisch-begrünten Innenhof. Gastlichkeit wie zu Urgroßvaters Zeiten.

Südstadt • Humboldtstr. 2 • Bus: Wielandplatz • www.wein-sommer.com • Mo–Do 18–24, Fr, Sa 18–1 Uhr

Zum Falken ▸ S. 142, B 5

Ein Klassiker: Hier trifft man Studenten, Künstler, Literaten jeden Alters. Mittwochs Sushi-Abend, donnerstags Jazz mit Studenten der Musikhochschule. Weimars berühmteste Kneipe.
Westvorstadt • Trierer Str. 7 •
Bus: Am Poseckschen Garten

KINO
Cinemagnum ▸ S. 140, C 3

Riesige Leinwand, Filme werden in 3-D gezeigt, vor allem Dokumentarfilme über das Leben im Ozean oder Dinosaurier. Liveübertragungen aus der Metropolitan Opera New York mit deutschen Untertiteln.
Altstadt • Friedensstr. 1 • Bus: Friedensstraße • Tel. 0 36 43/49 97 56 • www.cinemagnum.de

LITERATUR
Literaturhaus Weimar
▸ Klappe vorne, c 3

Lesungen zeitgenössischer Literatur organisiert das Literaturhaus Weimar von der Hochschule Franz Liszt. Die Veranstaltungen finden in der Eckermannbuchhandlung statt.
Altstadt • Marktstr. 2 • Bus: Wielandplatz • Tel. 0 36 43/4 15 90 • www.literaturhaus-weimar.blogspot.com • Eintritt 5 €

MUSIK/EVENTS
Mon Ami ▸ Klappe vorne, b 2

Viele multikulturelle Veranstaltungen mit Gastspielen aus fernen Ländern. Artistikshows, Weltmusik-Konzerte, Literatur und Liederabende. Gemischtes Publikum. Dazu gibt's ein Kino mit hochwertigen Filmen.
Altstadt • Goetheplatz 11 • Bus: Goetheplatz • Tel. 0 36 43/84 77 11 • www.monami-weimar.de

Zentraler Treffpunkt: das Kulturzentrum Mon Ami (▸ S. 28) am Goetheplatz. Hier gibt es nicht nur Konzerte und Lesungen, sondern auch außergewöhnliche Filme zu sehen.

THEATER

ACC
▶ Klappe vorne, d 3

Das alternative Kulturzentrum bietet Ausstellungen mit junger Kunst, Live-Performances, Jazzsessions und Theaterabende; Bio-Wein, WLAN gratis. Studenten, Künstlerszene.
Altstadt • Burgplatz 1–2 • Bus: Goetheplatz • www.acc-weimar.de

D.A.S Jugendtheater
▶ S. 140, C 1

Hier stehen Jugendliche auf der Bühne und führen Stücke zum Nachdenken und Mitmachen auf.
Hauptbahnhof • Schopenhauerstr. 2 • Bus: Nordvorstadt • Tel. 0 36 43/ 49 08 00 • www.stellwerk-weimar.de

Deutsches Nationaltheater
▶ Klappe vorne, b 3

Eines der traditionsreichsten Theater. Goethes Stücke stehen auf dem Programm, ebenso wie Tanz und Konzerte. Zum Nationaltheater gehört auch die Staatskapelle.
Altstadt • Theaterplatz 2 • Bus: Goetheplatz • Theaterkasse Tel. 0 36 43/ 75 53 33 • www.nationaltheater-weimar.de

Die Wilde Bühne
▶ Klappe vorne, c 3

Statt Goethe sind hier Ringelnatz und Kästner zu sehen. Das Ensemble ist eine Initiative der Absolventen der Hochschule für Musik. Liederabende, Einakter, Kleinkunst, Lesungen.
Altstadt • Geleitstr. 8–12 • Bus: Goetheplatz • Tickethotline: Tel. 0 36 43/74 57 45

E-Werk/Lichthauskino
▶ S. 140, D 3

Im Backsteinbau des ehemaligen Straßenbahndepots hat ein Zentrum für zeitgenössische Kunst sein Zuhause. Große Maschinen umrahmen die Bühne, das deutsche Nationaltheater spielt experimentelle Stücke. Junge Kulturszene.
Nordvorstadt • Am Kirschberg 4 • Bus: Friedrich-Ebert-Straße • Tel. 0 36 43/74 88 68 • www.lichthaus. info, www.ewerkweimar.de

Kabarett Sinnflut
▶ Klappe vorne, b 3

Kleinkunstbühne mit politischem Kabarett, direkt neben der Nationalbibliothek. Tagespolitische Themen, so satirisch beleuchtet, dass das Lachen oft im Halse stecken bleibt.
Altstadt • Theaterplatz 2a • Bus: Goetheplatz • Tel. 0 36 43/77 93 86 • www.kabarett-sinnflut.de

Palais Schardt und Goethepavillon
▶ Klappe vorne, c 2

Wer das Besondere sucht, findet es hier. Im Palais lernte Charlotte von Stein den jungen Goethe kennen – heute lustwandeln Besucher auf ihren Spuren. Im Café Charlotte stehen Literatur und Theater, im Festsaal Konzerte auf dem Plan. Barocke Atmosphäre bei Duftgärten und Kerzenschein. Tagsüber reizendes Café.
Altstadt • Scherfgasse 3 • Bus: Goetheplatz • Tel. 0 36 43/9 02 27 • www.goethepavillon.de

Theater im Gewölbe
▶ Klappe vorne, d 4

Goethe oder Schiller-Kultur im historischen Gewölbekeller des Cranachhauses. Auf dem Spielplan findet man Musikpotpourris, »Faust«-Interpretationen oder Komödien.
Altstadt • Markt 11/12 • Bus: Goetheplatz • Tel. 0 36 43/77 73 77 • www.theater-im-gewoelbe.de

Feste und Events in Weimar

Wird gefeiert, stehen meist Kultur, klassische Musik oder Theater auf dem Programm. Das größte Fest hat jedoch damit nichts zu tun: Im Oktober begeht man das Zwiebelfest.

◄ Das Kunstfest »pèlerinages« (▶ S. 32) strahlt mit seinen internationalen Größen weit über die Grenzen der Stadt hinaus.

APRIL
Bachwochen
Das größte Musikfestival Thüringens bilden die Thüringer Bachwochen. Konzerte mit Musik aus dem Barock, Kantaten und Orgelkonzerte in der Kirche, Auftritte der Staatskapelle und Filme über Bach.
Rund um Ostern • www.thueringer-bachwochen.de

MAI
Seifenkistenrennen Spacekidheadcup
Am 1. Mai bricht in Weimar das Seifenkistenfieber aus. Dann findet dort das größte Seifenkistenrennen Thüringens statt und macht die Belvederer Allee zur Rennstrecke.
1. Mai • Belvederer Allee • Bus: Belvedere • www.skhc.de

Filmfestival Back up
Anfang Mai steht Weimar beim Back-up-Festival im Zeichen des jungen Films. In den Kinos und im E-Werk laufen innovative Kurzfilme von Absolventen der Filmhochschulen.
Anfang Mai • Altes E-Werk • www.backup-festival.de

Liebhabertheater Schloss Kochberg
Der ehemalige Familiensitz der von Steins wird in den Sommermonaten zur Bühne. In dem klassizistischen Theater mit Säulen und marmorierten Tapeten werden von Mai bis Oktober Kammerkonzerte, Bühnenstücke und Opern aufgeführt.
Anfang Mai–Ende Oktober • www.schloss-kochberg.com

Tanzfestival
Internationales Tanzfestival des Nationaltheaters. Gezeigt werden zeitgenössische Choreographien, interpretiert von internationalen Gruppen.
Ende Mai • Tel. 0 36 43/75 53 34 • www.nationaltheater-weimar.de

Lange Nacht der Museen
Jedes Jahr öffnen Museen und Kultureinrichtungen einen Abend lang bis weit nach Mitternacht. Archive, Kirchen, Galerien machen ebenfalls mit und bieten Sonderprogramme an.
Ende Mai–Anfang Juni • www.weimar.de • Sammelkarte 5 €, Kinder frei, erhältlich bei den Museen und der Touristeninformation

Köstritzer Spiegelzelt
Kleinkunstfestival im edlen Zelt: Das Köstritzer Spiegelzelt ist geschmückt wie ein Varietee mit Zwischenwänden aus bunten Fenstern und Glitzerkugel an der Decke. Programm: Konzerte, Theater, Kabarett, Artistik.
Mai–Juni • Beethovenplatz • www.koestritzer-spiegelzelt.de

JUNI
Fête de la Musique
Rund um den 21. Juni feiert die Stadt ihre Fête de la Musique. Dann erklingen aus zahlreichen Cafés, auf den Plätzen und in den Straßen der Altstadt A-Cappella-Gesänge, Saxofon-Soli, Rock oder klassische Musik.
Ende Juni • Altstadt • http://fete.weimar.de

JULI
TFF Rudolstadt
Deutschlands größtes Weltmusik-Festival. Schon zu DDR-Zeiten war es ein riesiges Spektakel und sollte einen Gegenpol zur westlichen Rock'n'-

Roll-Kultur setzen. Nach der Wende wurde es zum Weltmusik-Festival und lockt Fans dieses Stils aus ganz Deutschland nach Rudolstadt (etwa 45 Min. mit dem Auto von Weimar).
1. Wochenende im Juli • Rudolstadt • tff-rudolstadt.de

Yiddish Summer

Vier Wochen lang steht jüdische Kultur im Mittelpunkt auf Bühnen und in den Galerien mit Theater, Konzerten, Performances und Ausstellungen.
Anfang Juli–Ende Juli • www.yiddish summer.eu

Beste Arbeiten der Bauhaus-Uni

Vier Tage lang steht die Bauhaus-Universität Kopf, wenn die Studierenden ihre Meisterwerke zeigen. Auf dem Campus stehen eigene Pavillons als Präsentationsorte von Installationen, Modellen und Designstücken.
Anfang/Mitte Juli • Südstadt • Geschwister-Scholl-Str. 8 • www.uni-weimar.de/summaery

Auerworld-Festival

Rund um den größten Weidenrutenpalast der Welt im 27 km entfernten Auerstedt findet regelmäßig im Juli ein dreitägiges Festival statt. Kinder bauen Lehmhütten und lauschen Hörspielen, Erwachsene feiern bei Konzerten und Kleinkunst.
Ende Juli • Weidenrutenpalast Auerstedt • www.auerworld-festival.de • Eintritt frei

AUGUST
Goethe-Geburtstag

Am 28. August feiert Weimar. Dann findet ein Weinfest am Frauenplan statt, und die Klassik Stiftung lädt zu Führungen, Vorträgen und Lesungen ins Nationalmuseum.
28. August • Goethe-Nationalmuseum • www.klassik-stiftung.de

»pèlerinages« Kunstfest Weimar

Das bekannte Kunstfest »pèlerinages« leitet Wagner-Nachfahrin Nike Wagner. Das Fest ist geprägt von musikalischen Veranstaltungen, aber auch Theater, Literaturlesungen und Ausstellungen werden organisiert.
Ende August–Mitte September • Bühnen und Veranstaltungsorte der Stadt • www.pelerinages.de

SEPTEMBER
Töpfermarkt

Am ersten Samstag im September treffen sich Thüringens Töpfer, dann steigen die Lehrlinge zum Gesellen auf. Ihre Gesellenstücke kann man dann auf dem Markt bewundern.
1. Samstag im September • Markt • www.weimar.de

OKTOBER
Zwiebelmarkt

Das bekannteste Fest in Weimar ist der Zwiebelmarkt. Seine Tradition reicht bis 1653 zurück. Markenzeichen des Marktes sind die geflochtenen Zwiebelzöpfe, es wird sogar eine Zwiebelkönigin gewählt. Der Markt mit seinen Bühnen und Schaustellern erstreckt sich über die ganze Altstadt.
2. Wochenende im Oktober • www.weimar.de/zwiebelmarkt

NOVEMBER/DEZEMBER
Weihnachtsmarkt

Weimars Weihnachtsmarkt zieht sich vom Theaterplatz bis zum Marktplatz. Viele Kunsthandwerker aus der Region, Glasbläser, Holzkünstler und Textilkünstler zeigen ihre Werke in kleinen Häuschen. Besonders schön: der Marktplatz mit Tannenbaum.

Kein Jahr ohne Zwiebelmarkt (▶ S. 32). Die Tradition des Marktes geht wohl auf das Jahr 1653 zurück, heute wird er als volksfestähnliche Veranstaltung begangen.

Ende November • Markt •
www.weimar.de

Weihnachtsmarkt auf Schloss Tonndorf 👶👶

Beim Adventsmarkt auf dem Schloss Tonndorf stehen zwar auch kunsthandwerkliche Erzeugnisse zum Verkauf, spektakulärer ist jedoch das vielfältige Programm rund um den Weihnachtsmarkt mit Stelzentheater, Kinderzirkus und Zaubereien.
1. Adventwochenende • www.schloss-tonndorf.de • Eintritt 5,99 €

Alternativer Weihnachtsmarkt im Bienenmuseum

Einen bäuerlichen Weihnachtsmarkt präsentiert das Bienenmuseum am zweiten Dezemberwochenende. Neben Spezialitäten rund um den Honig ist viel Handwerkskunst aus Thüringen zu sehen. Eine romantische Atmosphäre prägt den kleinen Hof rund um das Bienenmuseum, und natürlich können auch Spezialitäten rund um den Honig probiert werden.
2. Wochenende im Dezember •
http://dbm.lvti.de

Familientipps für Weimar

Märchentheater, auf Goethes Spuren wandeln oder einfach nur toben – auch für Kinder ist Weimar vielseitig. Am schönsten ist wohl das Kinderprogramm der Klassik Stiftung ...

◀ Spannende Rucksacktour im Park an der Ilm bei einem Kinderprogramm der Klassik Stiftung (▶ MERIAN-Tipp, S. 35).

Freibad Schwanseebad
▶ S. 140, A 3

Die historische Anlage mit riesigem Nichtschwimmerbecken gehört zu den ältesten Freibädern in Deutschland. Bei schlechtem Wetter lockt die Schwimmhalle mit Sauna nebenan. Westvorstadt • Hermann-Brill-Platz 2 • Bus: Hermann-Brill-Platz • www.sw-weimar.de • 15. Mai–15. Sept. Mo–Fr 8–20, Sa, So 9–18 Uhr • Eintritt 2,70 €, Kinder 1,70 €

Galli-Theater
▶ Klappe vorne, c 4

Jeden Sonntag um 11 Uhr spielt das Theater speziell für Kinder. Oft stehen Märchen wie Rotkäppchen oder Froschkönig auf dem Programm, schon für Kinder ab 3 Jahren. Dazu Theaterworkshops für die Kleinen. Altstadt • Windischenstr. 4 • Bus: Gropiusstraße • www.galli.de • Eintritt ab 4 €

Indoorspielplatz Andilli
▶ S. 140, C 3

Ideal für schlechtes Wetter: Auf dem Indoorspielplatz dürfen Kinder ab 4 Jahren ohne ihre Eltern bleiben. Nordvorstadt • Friedensstr. 1 • Bus: Friedensstraße • www.andilli-kindererlebniswelt.de • Mo–Fr 14–19, Sa 10–19, So 10–18 Uhr • Kinder 5 € (Mo–Fr), 6,50 € (Sa–So), Begleitung 1 €

Kinderuniversität
▶ Klappe vorne, d 4

Viertklässler und Ältere stillen ihren Wissensdurst zu Fragen wie »Warum kann man Erdbeben nicht vorhersagen?« oder »Was ist Philosophie?« Sehr beliebt, unbedingt vorher anmelden. Altstadt • Hochschule für Musik Franz Liszt, Platz der Demokratie 2/3 • Bus: Wielandplatz • www.hfm-weimar.de/kinderuni • Eintritt 3 €, Kinder 2,50 €

MERIAN-Tipp

KINDERPROGRAMM DER KLASSIK STIFTUNG
▶ Klappe vorne, c 4

Die Klassik Stiftung bietet ein reiches Programm für Kinder: In der Werkstatt »Studiolo« in Schillers Wohnhaus basteln sich die Kleinen durch den Klassizismus. Sie schreiben mit Federkielen und Tinte oder schneiden Schattenbilder aus. Dazu gibt es Selbstentdeckertouren mit Leihrucksack und einem Heft rund um ein Weimar-Thema. So stellt etwa Goethe-Sohn August Rätsel. Auch als Bauhaus-, Belvederetour und Von-Stein-Tour. www.klassik-stiftung.de
– Studiolo: Altstadt • Schillerstr. 12 • Bus: Wielandplatz • Di–Sa 11–16 Uhr • Eintritt frei
– Abenteuerrucksack-Verleih: Schlossmuseum Di–So, Bauhaus-Museum Mo–So, Schloss Belvedere Di–So • April–Okt. 10–18 Uhr • 5 €, 20 € Pfand

---

Stadtführung mit Hofkrähe Cora

Kinderführung durch Weimar. Die Handpuppe »Hofkrähe Cora« erzählt Lustiges und Spannendes rund um die Stadt – prima für Jüngere. www.weimar.de • Tel. 0 36 43/74 50 • Dauer 1 Std. • 60 € pro Gruppe

---

👪 Weitere Familientipps sind durch dieses Symbol gekennzeichnet.

grüner reisen

Wer zu Hause umweltbewusst lebt, möchte dies vielleicht auch im Urlaub tun. Mit unseren Empfehlungen im Kapitel grüner reisen wollen wir Ihnen helfen, Ihre »grünen« Ideale an Ihrem Urlaubsort zu verwirklichen und Menschen zu unterstützen, denen ein verantwortungsvoller Umgang mit der Natur am Herzen liegt.

Bio-Bistros für den Hunger zwischendurch

Nachhaltigkeit wird sowohl in Weimar als auch in Erfurt großgeschrieben. Wer mit offenen Augen durch beide Städte schlendert, findet dort viele kleine Geschäfte oder Restaurants, die lieber regionale Produkte verwenden und die das traditionelle Handwerk der Region fördern. Vor allem in Erfurt locken immer wieder Lädelchen mit ökologischer Mode zu einem kleinen Stopp. Erfreulich groß ist mittlerweile auch das Angebot an vegetarischen Gerichten – trotz der doch eher fleischlastigen thüringischen Küche findet sich auch immer mehr leichte Kost auf den Speisekarten. Erfurt glänzt darüber hinaus mit vielen veganen Rezepten für den Gast.

Besonders auffällig ist der offensichtliche Bedarf an gesunder Kost für zwischendurch zu kleinen Preisen. Die zahlreichen Bio-Bistros in beiden Städten werden vor allem auch von Studenten gut besucht. In Weimar hat sich eine eigene Erzeuger-Verbraucher-Gemeinschaft gegründet und betreibt mit großem Erfolg das Rosmarin, den berühmtesten Bioladen Weimars, sowie das Alternative Cultur Centrum (ACC). Als bahnbrechend gilt das Öko-Projekt Schloss Tonndorf, es ist weit über die Grenzen Erfurts und Weimars bekannt.

ÜBERNACHTEN

Kipperquelle ▶ S. 143, südöstl. F 8

Ideales Hotel für Biker und Naturverbundene am Stadtrand vom Weimar: direkt an Ilm und Kipper gelegen, schöner Cafégarten, Landgasthofausstattung, alles für Fahrradfahrer, sogar spezielle Garagen. Familiäres Flair.
Weimar, Oberweimar • Kippergasse 20 • Bus: Ehringsdorf/Kippergasse • Tel. 0 36 43/80 88 88 • www.kipperquelle-weimar.de • 9 Zimmer • €€

Pension Rad-Hof
▶ Klappe hinten, d 2

Auch diese zentral gelegene Pension hat sich auf Radfahrer spezialisiert und bietet Fahrradgaragen und Werkzeugverleih an. Das Gästehaus wurde ökologisch mit Holz und Lehm saniert. Anstatt eines Parkplatzes gibt es einen hübschen begrünten Innenhof.
Erfurt, Altstadt • Kirchgasse 1 b • Tram: Augustinerstraße • Tel. 03 61/60 27 76 • www.rad-hof.de • 6 Zimmer • €€

ESSEN UND TRINKEN

Café Lobenstein ▶ S. 147, E 7

Hier werden die Brote mit biologischen Zutaten gebacken. Besonders lecker: das Bio-Walnussbrot. Am letzten Sonntag im Monat Brunch von 10–14 Uhr.
Erfurt, Löbervorstadt • Damaschkestr. 18 • Tram: Tschaikowskistraße • Tel. 03 61/3 73 16 66 • www.cafe-lobenstein.de • Mo–Fr 6–18, Sa 6–12 Uhr • €

Café Wildfang 👶🍴 ▶ S. 146, C 5

Die Kinder toben auf dem Spielplatz, während die Mütter bei Bionade oder Bio-Cappuccino zusammensitzen. Das Café am Hirschgarten ist ein idealer Platz für Familien. Viele vegetarische Leckereien, Spielecke, WLAN gratis.
Erfurt, Altstadt • Eichenstr. 7 • Tram: Lange Brücke • Tel. 03 61/55 37 05 91 • www.cafe-wildfang.de • Mo–Fr 9–20, Sa, So 10–20 Uhr • €

Cognito ▶ Klappe hinten, d 3

Schnelles und gesundes Essen gibt es hier: indische Currys, gegrillte Sandwiches, Karotten-Ingwer-Suppe. Frühstücksangebote mit hausgemachten Bio-Konfitüren und Bio-Eiern. Kuchen auch mit Dinkelmehl, vegane Speisen.
Erfurt, Altstadt • Hefengasse 1 • Tram: Fischmarkt/Rathaus • Tel. 03 61/66 02 04 85 • tgl. 7–22 Uhr • €

Suppenbar Estragon
▶ Klappe vorne, d 3

Ein schneller Imbiss muss nicht immer ungesund sein – das beweist diese Suppenbar. Sie serviert Kürbis-, Karotten- oder Spargelsuppe – je nach Saison. Wer es lieber süß mag, genießt ökologischen Milchkaffee mit Kuchen.
Weimar, Altstadt • Herderplatz 3 • Bus: Goetheplatz • Tel. 0 36 43/80 44 77 • www.estragon-suppenbar.de • Mo–Sa 10–19, So 12–16 Uhr • €

EINKAUFEN

Die Arche ▶ Klappe vorne, c 4

Weich fallende Mode aus Hanf, Seide oder Baumwolle. Stoffe naturgefärbt. Die Schnitte sind oft wallend, die Farben lebendig, aber nicht zu knallig. Außerdem ökologisch hergestellte Schuhe.
Weimar, Altstadt • Windischenstr. 8 • Mo–Fr 10–18, Sa 10 –14 Uhr

Bioladen Rosmarin
▶ Klappe vorne, d 3

Der älteste Bioladen in Weimar, hier hat sich eine Erzeugergemeinschaft zusammengefunden. Gemüse, Wurst und Körperpflege in Bio-Qualität. Zum Laden gehört die Suppenbar Estragon.

Weimar, Altstadt • Herderplatz 3 • www.bioladen-rosmarin.de • Mo–Fr 10–19, Sa 10–16 Uhr

Erfurter Ölmühle ▸ Klappe hinten, e 1

Die meisten Öle werden kalt gepresst, viele in Bio-Qualität. Spezialität des Hauses ist das kalt gepresste Leinöl. Erfurt, Altstadt • Heilige Grabesmühlgasse 1 • Tram: Augustinerkloster • www.erfurter-oelmuehle.de • Mo–Fr 9–18 Uhr

Lebensladen ▸ Klappe hinten, c 3

Wer weiß schon, was man mit Topinambur oder Pastinaken kochen kann? Im Lebensladen gibt's den Rezepttipp gratis dazu. Großes Angebot an Pflegeprodukten und Öko-Zahnpasta. Erfurt, Altstadt • Allerheiligenstr. 19 • Tram: Fischmarkt/Rathaus • www.lebensladen.de • Mo–Fr 9–18, Sa 9–14 Uhr

Natürlich Natur ▸ Klappe hinten, c 4

Gutes aus Schafwolle: Mützen, Jacken, Westen oder Hausschuhe. Das Sortiment umfasst auch Lederartikel. Erfurt, Altstadt • Große Arche 2 • Tram: Domplatz Nord • Mo–Sa 10–18 Uhr

Quo Vadis Naturmode
▸ Klappe hinten, c 3

Leichte Leinenblusen oder raffiniert geschnittene Mäntel und Hosen im Marlene-Dietrich-Stil – Damenmode aus Naturmaterialien zu bezahlbaren Preisen. Erfurt, Altstadt • Fischmarkt 6 • Tram: Fischmarkt/Rathaus • www.quovadis-naturmode.de • Mo–Fr 10–20, Sa 10–18 Uhr

SchuhSign
▸ Klappe hinten, c 3 und b 4

Dass ökologische Schuhmode längst nicht mehr Latschenlook entspricht, beweist SchuhSign. Alle Modelle sind nachhaltig hergestellt, viele mit Pflanzenfarben gefärbt, umweltschonend gegerbt und dazu orthopädisch gesund. Erfurt, Altstadt • Fischmarkt 6 und Marktstr. 27 • Tram: Fischmarkt/Rathaus • www.schuhsign.de • Mo–Fr 10–19, Sa 10–18 Uhr

Vildesvaner ▸ Klappe vorne, d 5

Die beiden Modedesignerinnen Antje Wolter und Anne Gorke achten auf Nachhaltigkeit. Die Materialien müssen ökologisch und fair gehandelt sein, viele der puristisch anmutenden Stücke werden in regionalen Nähereien gefertigt. Auch Maßschneiderung. Weimar, Altstadt • Ackerwand 23 • Bus: Wielandplatz • Anmeldung: Tel. 01 76/ 60 92 20 67 • www.vildesvaner.com

AKTIVITÄTEN

Deutsches Bienenmuseum
▸ S. 142, östl. F 8

Sie summen und krabbeln: Hinter den Glasscheiben erleben Besucher Bienenvölker bei der Arbeit, und nebenbei erfahren sie, was passiert, wenn die zweite Königin schlüpft. Eindrucksvoll: das riesige leere Hornissennest. Kinderprogramm, schöner Bienengarten. Im Café gibt es Leckereien rund um den Honig. Hinter dem Haus idyllischer Platz für ein Picknick an der Ilm. Im Winter romantischer Weihnachtsmarkt am zweiten Dez.-Wochenende. Hofladen. Weimar, Oberweimar • Ilmstr. 3 • Bus: Plan Oberweimar • http://dbm.lvti.de • April–Okt. Mi–So 10–18, Nov.–März Mi–So 10–17 Uhr • Eintritt 2,50 €, Kinder 1 €

Färbedorf Neckeroda ▸ S. 123, c 2

Wie Naturfarben leuchten, zeigt das 25 km südlich von Weimar gelegene Neckeroda. Das Dorf steht in der Tradi-

In der Suppenbar Estragon (▶ S. 37) wird biologisch gekocht – und das mit exotischem Einfluss. Gäste können zwischen einer kleinen und einer großen Portion wählen.

tion der Färberei und präsentiert nicht nur Gärten mit den Färberpflanzen, sondern auch, wie aus Schafwolle und Fasern Fäden werden. Tageskurse in Filzen, Spinnen, Wollkunde. Am letzten Aug.-Samstag großes Färbefest.
Neckeroda, Ortstr. 46 • www.faerbedorf-neckeroda.de • Hofladen: Di 11–18, Sa 10–13 Uhr

Maloca-Auerworld

▶ S. 123, nördl. d 1

Wie ein Ufo sieht er aus, wenn das Licht aus den abgerundeten Fenstern scheint – in Auerstedt steht ein ganz besonderer Weidenbau. Der Auerworldpalast ist der größte lebende Weidenpalast der Welt. Jedes Jahr werden seine Ruten neu zusammengebunden. Im Sommer regelmäßig Vollmondfeste mit Konzert. Im benachbarten Maloca-Lernhaus viele Ausstellungen und Veranstaltungen, vorrangig für Kinder.
Auerstedt • Regionalbahn nach Bad Sulza, dort 15 Min. Fußweg, umsteigen in RB nach Auerstedt • Tel. 0 36 46 1/9 20 00 • www.auerworld-festival.de

Ökodorf Schloss Tonndorf

▶ S. 123, c 2

Die 60 Bewohner des Schlosses haben sich zu einer ökologischen Lebensgemeinschaft zusammengefunden. Ziel ist es, das alte Schloss nachhaltig wieder instand zu setzen. Es gibt eine Imkerei und einen Hofladen. In der Kellerei serviert man Bio-Holundersekt ohne Alkohol. Jeden ersten und dritten Sonntag Schlosscafé (14–16 Uhr). Am dritten Sonntag 15–19 Uhr Tango im Schloss, Einführungskurs ab 13.30 Uhr.
Schloss Tonndorf • Bus/Tram bis Bad Berka, dann Linie 232 oder 238 nach Tonndorf • www.schloss-tonndorf.de, www.schlossimkerei.de • Führungen nach Voranmeldung 3 €

Übernachten in Erfurt
Wer sich hier bettet, liegt oft in den alten Gemäuern des Augustinerklosters. Darüber hinaus bietet Erfurt viele große Häuser, am höchsten blickt man vom Radison Blu über die Stadt.

◀ Das IBB Hotel (▶ S. 42) liegt zentral an der Krämerbrücke. Alle Ziele in der Altstadt sind bequem zu Fuß erreichbar.

Die thüringische Landeshauptstadt gewinnt mehr und mehr an Bedeutung als Reiseziel. Besonders beliebt sind Aufenthalte in Weimar und Erfurt im Doppelpack. Vor allem in den vergangenen Jahren sind in Erfurt viele neue Hotels entstanden, allerdings vorwiegend Häuser großer und internationaler Ketten.

Vorsicht bei der Buchung

So ist die Hotellandschaft geprägt von neuen und modern ausgestatteten Gebäuden. Einige der großen Anlagen liegen zudem autobahnnah, deshalb sollten Gäste bei der Buchung besser zweimal hinsehen und nachfragen, um keine Überraschungen zu erleben. Ein echter Tipp für Erfurt sind die Gästehäuser des Augustinerklosters, allen voran das **Gästehaus Nikolai**. Hier wohnt man zentral und in historischen Gemäuern. Insgesamt verfügt Erfurt über 64 Hotels und Pensionen mit 4891 Betten – da findet jeder seine Lieblingsunterkunft. Die vielen kleinen, privat geführten Hotels, die für das benachbarte Weimar so typisch sind, gibt es kaum in der Stadt. Doch die wenigen kleinen und familiären Übernachtungsmöglichkeiten sind wirklich sehenswert, etwa das Hotel des Schuhladenbetreibers **Zumnorde**. Angeregt durch den Erfolg in Weimar, erhebt nun auch Erfurt eine Kulturförderabgabe. Sie beträgt 5 % des Hotelpreises und wird bei der Rechnung meistens auf den Betrag aufgeschlagen. Zu den beliebten Messen und Festen in Erfurt, etwa zum Krämerbrückenfest, sind die Unterkünfte merklich teurer.

Preise für ein Doppelzimmer mit Frühstück:
€€€€ ab 100 €   €€ ab 50 €
€€€ ab 80 €   € bis 50 €

HOTELS €€€€

Zumnorde ▶ Klappe hinten, e 5

Sehr chic • Modernes Privathotel mitten in der Stadt mit schnörkellosen Zimmern, großen Bädern und extra langen Betten. Aus dem Ruheraum der Sauna haben Gäste einen schönen Blick über Erfurt. Hübscher Dachgarten, exzellentes Restaurant mit knisterndem Kamin.
Altstadt • Anger 50/51 • Tram: Anger • Tel. 03 61/5 68 00 • www.hotel-zumnorde.de • 45 Zimmer • ♿ • €€€€

HOTELS €€€

Brühlerhöhe ▶ S. 146, westl. A 5

Familiär • In dem eher kleinen Hotel herrschen klare Linien und modernes Design. Die Zimmer sind geräumig, einige haben sogar eine eigene Sofaecke. Besonders romantisch sind die Herbergen unter der Dachschräge.
Brühlervorstadt • Rudolfstr. 48 • Tram: Theater • Tel. 03 61/2 41 49 90 • www.bruehlerhoehe.de • 26 Zimmer • €€€

Gästehaus Nikolai
▶ Klappe hinten, c 2

Stilvoll mit Geschichte • Fast schon im klassizistischen Stil eingerichtet sind die Unterkünfte des Gästehauses Nikolai. Sehr stilvoll und gleich um die Ecke des Augustinerklosters gelegen. Bemerkenswert ist das alte Treppenhaus. Übrigens hat im Nikolai schon Martin Luther gewohnt.
Altstadt • Augustinerstr. 30 • Tram: Augustinerkloster • Tel. 03 61/ 59 81 70 • www.gaestehaus-nikolai.de • 17 Zimmer • €€€

IBB Hotel ▶ Klappe hinten, d 2

Hübsch mit Ausblick • Das Stadthaus direkt an der Krämerbrücke ist mit Stil und Ideen in ein junges Hotel verwandelt worden. Die Ausstattung der Zimmer umfasst ein sehr breites Spektrum, von puristischem Design bis zu Blümchensesseln und schmiedeeisernen Bettgestellen. Zusätzliche Apartments gibt es im Roten Turm auf der Krämerbrücke.
Altstadt • Gotthardtstr. 27 • Tram: Fischmarkt/Rathaus • Tel. 03 61/ 6 74 00 • www.ibbhotels.com • 91 Zimmer • ♿ • €€€

Radisson Blu ▶ Klappe hinten, f 3

Funktional mit Panorama • Von außen ist das zweithöchste Hochhaus der Stadt wenig anziehend. Innen offenbart der Bau Komfort und von den oberen Zimmern einen hervorragenden Blick über die Stadt. Die Präsidentensuite misst 150 qm, verfügt über zwei Schlafzimmer und Bäder samt Sauna und Whirlpool sowie einen eigenen Kamin.
Altstadt • Juri-Gagarin-Ring 127 • Tram: Anger • Tel. 03 61/5 51 00 • www.radisson-erfurt.de • 282 Zimmer • ♿ • 🐕 • €€€

Victor's ▶ S. 147, F 8

Warm wie im Süden • Geschmackvoll im mediterranen Stil eingerichtet, liegt das Hotel Victor's zwischen Stadt- und Südpark. Die Zimmer sind sehr geräumig und komfortabel, einige haben sogar eine eigene Dachterrasse oder einen Balkon. Die Gäste nutzen öffentliche Verkehrsmittel gratis. Angeschlossen sind zwei Restaurants und Tagungsräume.
Daberstedt • Häßlerstr. 17 • Tram: Häßlerstraße • Tel. 03 61/6 53 30 • www.victors.de • 68 Zimmer • ♿ • 🐕 • €€€

HOTELS €€

Villa am Park ▶ S. 146, westl. A 6

Grüne Oase • Diese Villa im Grünen liegt in direkter Nachbarschaft zum egapark. Die Unterkünfte sind mit Holzmöbeln und Parkett ausgestattet, ebenfalls buchbar ist ein kleines Apartment, dessen Fenster zum Garten hinausführen. Es herrscht eine zurückgezogene private Stimmung.
Brühlervorstadt • Tettaustr. 5 • Tram: Gothaer Platz • Tel. 03 61/ 7 89 48 60 • www.villa-am-park-erfurt.de • 5 Zimmer • €€

Waidhaus ▶ Klappe hinten, d 1

Meditativ und zentral • Direkt am Augustinerkloster befindet sich das Waidhaus, ein modernes Gästehaus mit schlichten und dennoch komfortablen Zimmern. Der angeschlossene Meditationsraum ist täglich 24 Stunden geöffnet. Die Zimmer sind bewusst medienfrei – also ohne Radio, Internet und Fernsehen.
Altstadt • Augustinerstr. 10 • Tram: Augustinerkloster • Tel. 03 61/ 57 66 00 • www.waidhaus-erfurt.de • 17 Zimmer • €€

HOTELS €

Altstadtpension ▶ Klappe hinten, b 3

Wie im eigenen Wohnzimmer • In Sichtweite des Mariendoms liegt diese kleine sympathische Pension. In den Sommermonaten wird das Frühstück im kleinen Innenhof serviert. Kleine, aber witzige und ordentliche Zimmer. Familiäre Atmosphäre, sehr zentral gelegen, gutes Preis-Leistungs-Verhältnis.
Altstadt • Pergamentergasse 42 • Tram: Domplatz Nord • Tel. 03 61/ 6 02 01 97 • www.altstadtpension-erfurt.de • 7 Zimmer • 🐕 • €

REISEN BILDET.

Das aktuelle MERIAN Extra widmet sich einem besonderen Reiseziel: Kultur in Deutschland. 200 Tipps hat die Redaktion zusammengestellt. Es sind die besten Ziele für alle, die mit Anspruch reisen wollen: die schönsten Museen, Galerien, Theater, Schlösser, Gärten und Musikfestivals der Republik. Hintergrundgeschichten liefern interessantes Wissen, stellen Künstler und viele spektakuläre Projekte im Land vor.

JETZT IM GUTEN BUCHHANDEL ERHÄLTLICH ODER UNTER TELEFON 0 40/87 97 35 40 UND WWW.MERIAN.DE

MERIAN
Die Lust am Reisen

Essen und Trinken in Erfurt

Ein Streifzug durch die Gastronomieszene ist wie eine kulinarische Weltreise, denn in Thüringens Hauptstadt konkurrieren Restaurants mit Speisen aus allen Kontinenten.

◀ Für Naschkatzen: Die Produkte von Goldhelm Schokolade (▶ MERIAN-Tipp, S. 47) sind handgemachte Verführung.

Erfurts Küche ist geprägt von deftigen Thüringer Spezialitäten wie Klößen und Braten, aber sie präsentiert sich auch sehr international. Wer hier essen geht, kann sich durch die Kontinente schlemmen: Russisches Lebensgefühl zelebriert der **Russische Hof**, Südstaatenatmosphäre versprüht das **Louisiana**, und natürlich bietet die Gastronomie auch diverse chinesische und italienische Spezialitäten.

Günstig essen gehen

Doch die meisten Gäste möchten sowieso am liebsten Thüringisch speisen. **Knödel** und **Braten** gibt es fast an jeder Ecke, ebenso die **Bratwurst**. Erfurt serviert vor allem im November besondere Spezialitäten, denn die Stadt feiert den Martinstag richtig groß. Am Vortag liegen in den Bäckereien **Martinshörnchen** aus, ein Plundergebäck mit Persipan gefüllt. Am 11. November kommt dann die **Martinsgans** auf den Tisch – natürlich mit Rotkohl und Klößen. Und rund um Weihnachten ist Schittchen-Zeit – so heißt der **Stollen** in Erfurt.

Insgesamt stimmt das Preis-Leistungs-Verhältnis, in Erfurt kann man günstig essen gehen. Viele Speisekarten haben die typische Studentenmischung aufgenommen: spätes Frühstück, Pizza und Aufläufe. Aber auch in der gehobenen Gastronomie hat Erfurt Gaumenfreuden zu bieten – bestes Beispiel ist das Alboths.

Preise für ein dreigängiges Menü:
€€€€ ab 40 €   €€ ab 15 €
€€€ ab 25 €   € bis 15 €

INTERNATIONAL

Il Cortile ▶ Klappe hinten, e 1

Erstklassig italienisch • Sehr gute italienische Küche – zubereitet in einem eher schlichten Ambiente. Besonders lecker sind die warmen und kalten Antipasti. Dazu Spezialitäten wie Wachtelbrust, Bandnudeln mit Kaninchen, hausgemachte Ravioli.
Altstadt • Johannesstr. 150 • Tram: Augustinerstraße • Tel. 03 61/5 66 44 11 • www.il-cortile.de • Mo–Fr 12–14, Mo–Sa 18–23 Uhr • €€€

Russischer Hof
▶ Klappe hinten, östl. f 2

In Sand gekochter Kaffee • Hier erleben Gäste einen Abend mit kaukasischer Seele. Es werden nicht nur »Pelmeni« und »Störschaschlik« serviert, sondern auch in Sand gekochter Kaffee. Ausgesprochen schmackhaft ist auch das Bœuf Stroganoff. Und zum krönenden Abschluss gibt es kaukasischen Kaffee – mit Pfeffer.
Altstadt • Krämpferstr. 11–15 • Tram: Krämpfertor • Tel. 03 61/6 54 68 14 • www.russischer-hof-erfurt.de • Mo–Sa 17–23, So 12–15, 17–23 Uhr • €€

Übersee ▶ Klappe hinten, d 3

Blick auf die Krämerbrücke • Die Speisekarte ist eine Reise durch die Küchen der Welt: Pasta mit Mandel-Safran-Sauce beispielsweise, gebackene Teneriffa-Kartoffeln oder afrikanische Straußenfleisch-Spezialitäten. Für Ernährungsbewusste sind kohlenhydratarme Gerichte ausgewiesen.
Altstadt • Kürschnergasse 8 • Tram: Fischmarkt/Rathaus • Tel. 03 61/5 50 79 50 • www.uebersee-erfurt.de • Mo–So 12–23 Uhr • €€

Villa Haage
▶ MERIAN-Tipp, S. 53

ZU GAST IN WEIMAR UND ERFURT

Schön in einem alten Fachwerkhaus sitzen und Thüringer Spezialitäten genießen kann man im Altstadtrestaurant Zum Güldenen Rade (▶ S. 47) – aber bitte mit Senf!

REGIONALE SPEZIALITÄTEN

Anger Sechs ▶ Klappe hinten, e 4

Ideenreiche junge Küche • Durch die halboffene Küche kann man dem Koch über die Schulter schauen, wie er gefüllte Schnitzelröllchen oder die Hähnchenbrust mit Parmesankruste zubereitet. Sonntags zwischen 10 und 15 Uhr leckerer Brunch für 12,50 €.
Altstadt • Anger 6 • Tram: Anger • Tel. 03 61/5 11 80 30 • Mo–Sa 10.30–23, So 10–15 Uhr, Brunch • €€€

Pier 37 ▶ Klappe hinten, c 5

Am besten draußen • Stilvoll sitzt man im Pier 37 ganz zentrumsnah am Wasser in Korbstühlen bei Tafelspitzsülze oder karamellisiertem Ziegenkäse und lauscht entspannt dem Rauschen des Walkstroms.
Altstadt • Lange Brücke 37 a • Tram: Domplatz • Tel. 03 61/6 02 76 00 • www.pier37.de • tgl. 11–24 Uhr • €€

Wirtshaus Christoffel ▶ Klappe hinten, d 3

Reise ins Mittelalter • Speisen wie im Mittelalter, nur wenige Meter von der Krämerbrücke. Dabei sitzen die Gäste an groben Bänken auf Schaffellen, Knechte und Mägde in historischen Gewändern servieren eine Suppe der Kreuzritter. Rippchen oder Räuberspieß werden über dem Buchenholzgrill geröstet, dazu wird Kirsch- oder Roggenbier gereicht.
Altstadt • Michaelisstr. 41 • Tram: Fischmarkt/Rathaus • Tel. 03 61/2 62 69 43 • www.wirtshaus-christoffel-erfurt.de • Mo–Fr, So 11–1, Sa 11–2 Uhr • €€

WUSSTEN SIE, DASS…

… Erfurt zwei Weinanbaugebiete hat? Sie liegen auf dem Petersberg und am Roten Berg und keltern noch heute Wein.

Zum Güldenen Rade
▶ Klappe hinten, c 3

Aber bitte mit Senf • Oben hat das ZDF sein Landesstudio Thüringen eingerichtet, unten wurde das Gasthaus in der ehemaligen Tabakmühle neu gestaltet. Auf der Karte stehen thüringische Spezialitäten, darunter etwa das Erfurter Bornsenfsüppchen mit Senfsprossen.
Altstadt • Marktstr. 50 • Tram: Domplatz • Tel. 03 61/5 61 35 06 • www.zum-gueldenen-rade.de • tgl. 11–24 Uhr • €€

Gasthaus Feuerkugel
▶ Klappe hinten, d 3

Nach alten Rezepten • Hier werden die Klöße wie zu Oma Käthes Zeiten per Hand gerollt. Klassiker des Hauses ist der Thüringer Sauerbraten mit Klößen und Apfelrotkohl, empfehlenswert auch das Schwarzbierfleisch. Ein ganz besonderer Tipp ist das Erfurter Kresseschaumsüppchen. Gutes Preis-Leistungs-Verhältnis.
Altstadt • Michaelisstr. 3–4 • Tram: Fischmarkt/Rathaus • Tel. 03 61/7 89 12 56 • www.feuerkugel-erfurt.de • Mo–So 11–24 Uhr • €

SPITZENKÜCHE

Alboths
▶ Klappe hinten, e 3

Feine Köstlichkeiten • Bei Koch Claus Alboth sind die Gerichte ein wahrer Augenschmaus: kunstvoll arrangierte Blüten und in geometrische Formen gelegtes Gemüse. Der Schwerpunkt liegt auf Thüringer Küche, gepaart mit frischen Ideen, darunter Sauerampfersuppe mit Vanille-Koriander-Schaum für Vegetarier. Kochkurse.
Altstadt • Futterstr. 15/16 • Tram: Anger • Tel. 03 61/5 68 82 07 • www.alboths.de • Di–Sa 18.30–23 Uhr • €€€€

CAFÉS

Café Füchsen
▶ Klappe hinten, d 2

Versteckt an der Krämerbrücke • Selbst gemachte Limonaden, sehr aromatische Kaffeespezialitäten, Frühstücksauswahl – das urgemütliche Café Füchsen liegt zwar etwas versteckt mitten in der Altstadt, ist aber unbedingt einen kurzen Stopp wert.
Altstadt • Hütergasse 13 • Tram: Fischmarkt/Rathaus • Tel. 03 61/6 44 14 48 • Mo–Fr 10–24, Sa, So 9–24 Uhr • €€

Café Nerly
▶ Klappe hinten, b 4

Im Zwanzigerjahre-Stil • Gestaltet wie ein Wohnzimmer der Zwischenkriegszeit mit dicken Ledersofas und roten Vorhängen, sogar eine Theaterbühne gibt es. Hier werden die Kuchen noch selbst gebacken – und das schmeckt man auch.
Altstadt • Marktstr. 6 • Tram: Domplatz • Tel. 03 61/3 81 32 55 • www.cafe-nerly.de • Di–So 12–1, Mo 19–1 Uhr • €€

MERIAN-Tipp

GOLDHELM SCHOKOLADE
▶ Klappe hinten, d 3

Direkt am neuen Museum der Mikwe liegt ein Paradies für Schokoholics: Die Schokoladenmanufaktur Goldhelm macht einzigartige Pralinen. Hier können Gäste die besten Nascherein zum Kaffee schlemmen und den Schokoladenmachern dabei noch über die Schulter schauen. Das alles in hübschem französischen Ambiente.
Altstadt • Kreuzgasse 5 • Tram: Fischmarkt/Rathaus • Tel. 03 61/6 60 98 51 • www.goldhelm-schokolade.de • tgl. 11–18 Uhr • €

Einkaufen in Erfurt
Auf der Krämerbrücke finden sich außergewöhnliche Läden mit Kleinoden des Handwerks. Wer die Geschmacksnerven reizen will, hat die Wahl – von handgefertigter Schokolade bis zu feinem Senf.

◂ Ein Kunstwerk für sich sind die vielen Pigmente im Apis Colori (▸ S. 49). Dort gibt es auch Kurse zur Farbherstellung.

Erfurts lebendiges Einkaufszentrum liegt in der Altstadt, zwischen Anger und Domplatz. Dabei gehört der Anger zu den ersten Adressen der Stadt. Wo früher Färberwaid und Wolle verkauft wurden, gliedert sich heute ein modernes Shoppingzentrum in die alten Fassaden ein.

Spezialitäten und Schuhe

Wer auf Reisen ist, sucht meistens das Spezielle, jenseits der Filialgeschäfte großer Ketten, die es zur Genüge auch zu Hause gibt. Individuelle Läden haben sich hauptsächlich entlang der **Krämerbrücke** niedergelassen. In den mittelalterlichen Häusern, in denen einst Handwerker gewohnt haben, konnte das Flair bewahrt werden. Die schmale Gasse über der Gera ist eine außergewöhnliche Einkaufsmeile mit einem Mix handgemachter Spezialitäten – von Senf über Keramik und Kräuter bis zu Schokolade. Von der Krämerbrücke ist es nur ein Katzensprung über den Fischmarkt zum Dom. In den kleinen Seitengassen finden sich viele Lädchen, und auf dem Domplatz lockt täglich der **Wochenmarkt** von 7 bis 14 Uhr – mit Gemüse und Thüringer Rostbratwurst.

Erfurt ist eine Stadt der **Schuhgeschäfte**. Allen voran die Läden Zumnorde sowie SchuhSign – Letzterer hat sogar Schuhe in Bio-Qualität im Sortiment. Wer in der Stadt einkaufen geht, findet auch immer wieder kurze Momente zum Erholen, der Weg führt häufig über eine der Gera-Brücken. So gleitet der Blick über das Wasser, bevor er wieder an den bunten Farben in den Regalen hängenbleibt.

BÜCHER

Altstadt Antiquariat Beata Bode
▸ Klappe hinten, d 3

Antiquariat mit vielen Büchern zu Erfurt: Historische Bände über die Stadtgeschichte sowie antike Schriften zum Gartenbau findet man hier ebenso wie alte Landkarten.
Altstadt • Benediktsplatz 2 • Tram: Fischmarkt/Rathaus • Tel. 03 61/5 40 04 44 • www.altstadtantiquariat.de • Mo–Fr 10–13, 14–18, Sa 10–14 Uhr

Comic Attack ▸ Klappe hinten, c 4

Riesiges Comic- und Manga-Angebot. Neben Klassikern wie »Tim und Struppi« oder »Asterix« freuen sich Große wie Kleine über eine Vielfalt an Postern und Sammelfiguren zu Star Wars. Treffpunkt für Rollenspieler.
Altstadt • Paulstr. 9 • Tram: Lange Brücke • Tel. 03 61/6 57 09 97 • www.comic-attack.de • Mo–Fr 10–18, Sa 10–16 Uhr

KUNSTHANDWERK

Apis Colori ▸ Klappe hinten, b 3

Der Laden ist spezialisiert auf Papiere aus Italien, die Besitzerin stammt von dort. Es gibt auch handmarmoriertes Papier. In Seminaren zeigt die Künstlerin die Pigmentherstellung.
Altstadt • Pergamentergasse 5 • Tram: Domplatz Nord • www.apiscolori.com • Di–Fr 11–18, Sa 11–15 Uhr

Jürgen Valdeig Fine Art
▸ Klappe hinten, c 4

Hier gibt es alte Ansichtskarten von Goethes Gartenhaus oder der Krämerbrücke, historische Kinderbücher und alte Kunstdrucke. Ausgefallene Sammlung von antiken Drucken.
Altstadt • Kettenstr. 10 • Tram: Domplatz Süd • www.valdeig-fineart.de • Mo–Fr 10–18, Sa 10–14 Uhr

Kleinformat ▶ Klappe hinten, d 3

Die Künstlerin Beate Kister gestaltet Bilder im Postkartenformat. Direkt auf der Krämerbrücke gelegen, machen die bunten Mini-Aquarelle einfach gute Laune – und sind ein ungewöhnliches Mitbringsel.
Altstadt • Krämerbrücke 25 • Tram: Fischmarkt/Rathaus • www.kleinformat.info • Mo–Sa 11–18 Uhr

LEBENSMITTEL & DELIKATESSEN

Born Senf-Laden und Senf-Museum ▶ Klappe hinten, d 3

Frisch gezapftes Bier kennt man ja, aber frisch gezapften Senf? Sollten Sie unbedingt probieren – Born Senf mittelscharf gehört zu den erlesenen Erfurter Delikatessen. Angeschlossen ist ein kleines Museum.
Altstadt • Wenigemarkt 11 • Tram: Fischmarkt/Rathaus • Tel. 03 61/ 74 03 40 • www.born-feinkost.de • Mo–Fr 10–19, Sa 10–18 (Jan.–März Mo–Fr 10–18, Sa 10–16 Uhr)

eCHT DeLi ▶ Klappe hinten, c 5

Delikatessen aus Deutschlands Osten finden Besucher in diesem Laden: Erfurter Domschinken, Wanderstocksalami, Thüringer Senf. Nicht nur Essbares, sondern auch Spielkarten aus Altenburg oder Holzspielzeug aus dem Erzgebirge sind zu haben.
Altstadt • Lange Brücke 12 • Tram: Lange Brücke • Tel. 03 61/5 50 59 31 • www.echt-deli.de • Mo–Fr 10–18, Sa 10–16 Uhr

Goldhelm Schokolade
▶ MERIAN-Tipp, S. 47

Kaffeeland ▶ Klappe hinten, c 5

Diesen Laden erkennt man schon am Geruch – Kaffeeland röstet die Bohnen noch selbst. Kaffeefans kaufen äthiopischen Waldkaffee oder Galapagos-Röstungen. Im Hochlandcafé können die Sorten schon mal vorgekostet werden. Wer Feuer gefangen hat, besucht ein Kaffeeseminar.
Altstadt • Lange Brücke 31 • Tram: Lange Brücke • Tel. 03 61/5 50 73 73 • www.kaffeeland.net • Mo–Fr 9.30–18.30, Sa 9.30–15.30 Uhr

MODE
CCD Naturwelten
▶ Klappe hinten, c 5

Sehr weibliche und romantische Mode gibt es bei CCD Naturwelten an der Langen Brücke. Ob Spitze oder Wolle, die Qualität ist gut, weiche Stoffe in natürlichen Schnitten. Viele Stücke kommen aus Skandinavien und sind in hellen Farben gehalten.
Altstadt • Lange Brücke 25 • Tram: Lange Brücke • Mo–Fr 10.30–18.30, Sa 10.30–16 Uhr

Friedberg ▶ Klappe hinten, c 2

Helle, zeitlos-schöne Mode aus Erfurt stellen die beiden Modemacherinnen Sabrina Friedel und Sabine Berger her. Das Design ist klassisch, die Details sind oftmals recht raffiniert. Wer will, kann sich sein eigenes Modell maßfertigen lassen.
Altstadt • Michaelisstr. 17 • Tram: Fischmarkt/Rathaus • Tel. 03 61/ 43 05 62 37 • www.mode-friedberg.de • Mo–Fr 10–18.30, Sa 11–16 Uhr

Schuhhaus Zumnorde
▶ Klappe hinten, e 5

Wer in Erfurt wirklich gute Schuhe sucht, geht zu Zumnorde. Von großen Marken bis hin zu kleinen gesunden Babyschuhen findet sich auf den beiden Etagen eine große Auswahl. Edle Atmosphäre mit Marmor, Säulen und einer Holzrutsche für Kinder.

Altstadt • Anger 50–51 • Tram: Anger • www.zumnorde.de • Mo–Fr 10–20, Sa 10–18 Uhr

SCHMUCK

Kraftschmuck ▸ Klappe hinten, d 3

Ganz besonderer Modeschmuck aus quadratischen roten Korallenstücken oder einfache Kugeln in Erdfarben an silbernen Ketten – die Stücke von Goldschmiedin Franziska Kraft sind geprägt von Formen der Architektur.
Altstadt • Michaelisstr. 46 • Tram: Domplatz Nord • www.kraftschmuck.de • Mo–Fr 11–18, Sa 11–16 Uhr

Schmuck und Objekt
▸ Klappe hinten, d 3

Diese Schmuckstücke sind schon fast Kunstobjekte: Meeresmuscheln mit silberner Verzierung, Broschen, die aussehen wie japanische Ornamente. Der Renner sind die Edelsteinketten mit würfelförmigen Perlen. Wer Unikate sucht, findet sie hier.
Altstadt • Krämerbrücke 5 • Tram: Fischmarkt/Rathaus • www.wolff-brinckmann.de • Mo–Fr 10–18, Sa 11–16 Uhr

SPIELZEUG

Der Laden ▸ Klappe hinten, c 6

Dass Kinder keine Masse an Spielzeug brauchen, sondern pfiffige Dinge, die sie lange begleiten können, beweist dieser Spielzugladen. Hier gibt es Holzsteine, um bunte Muster zu legen. Am schönsten ist das selbst getöpferte Geschirr für Kinder – auf Wunsch auch gleich mit Namen.
Altstadt • Neuwerkstr. 52 • Tram: Neuwerkstraße • www.derladen-holzspielzeug.de • Mo–Fr 10–18, Sa 10–14 Uhr • Keramikwerkstatt im Hauptgeschäft, etwas außerhalb in der Magdeburger Allee 49

Klares Design und kräftige Farben sind typisch für die Goldschmiedin Franziska Kraft. Gleich neben der Krämerbrücke findet sich ihr Geschäft Kraftschmuck (▸ S. 51).

Am Abend in Erfurt
Das Nachtleben ist geprägt von den vielen Studenten – und von der Satire. Gleich zwei Kabarett-Ensembles laden zum Besuch. Richtig ausgefallen aber präsentiert sich das Theater in der Kapelle.

◄ Vom Krokodil bis zur Oma reicht die Auswahl der verschiedenen Handpuppen im Waidspeicher (► S. 55).

Erfurts Abendprogramm ist vielfältig – gerade Liebhaber von jungem Theater werden begeistert sein. Zahlreiche private Vereine haben sich gegründet, um Lücken im kulturellen Angebot zu schließen, etwa das Neue Schauspiel, das die Tradition des Sprechtheaters stärken will. Oder die Theaterfirma, die nicht nur moderne Stücke inszeniert, sondern auch besondere Stadtrundgänge.

Ungewöhnliche Bühnen

Am lebendigsten ist aber Erfurts Kulturszene in den Sommermonaten, dann locken nicht nur die **Domstufen-Festspiele**, sondern auch das **Open-Air-Theater** in der Ruine der Barfüßerkirche. Überhaupt gibt es viele junge Aufführungsorte in der Stadt, allen voran natürlich das **Neue Theater**, das 2003 eingeweiht wurde und als größter Neubau eines Theaters in den letzten Jahren in Deutschland gilt. Aber auch ein ganz altes Gebäude verströmt eine einzigartige Atmosphäre in Erfurt: Die Theatervorstellungen in der **Maria-Magdalenen-Kapelle** (MERIAN-Tipp, S. 55) sollten Sie sich nicht entgehen lassen. Die Stimmung in der 800 Jahre alten Kapelle mit ihren schönen Wandbemalungen ist wirklich einzigartig.
Die Studenten haben viele junge Ideen ins Kulturleben eingebracht und natürlich auch die Kneipenlandschaft verändert. So gibt es viele Diskotheken und Musikbühnen in der Stadt. Am bekanntesten ist vielleicht die Engelsburg, mit ihrer Weinstubendisco, dem Band- oder Bierkeller – alles in altehrwürdigen Gewölben.

MERIAN-Tipp

VILLA HAAGE
► S. 146, südwestl. A 8

In einer alten Backsteinvilla im Kressepark findet sich ein außergewöhnliches Gasthaus. Tagsüber sitzt man hier und isst Forelle oder ein Kressesüppchen. Sehr exotisch: Känguru-Filet mit Safran-Algen-Zucchini-Gemüse und Rote-Beete-Gnocchi. Dienstags Piano-Abend. Im Sommer wunderschöner Außenbereich mit Sandfläche, Palmen, Pool, Springbrunnen und Sonnenliegen. In den Abendstunden herrlich illuminiert und Partybetrieb. Löbervorstadt • Motzstr. 8 • Tram: Steigerstraße • Tel. 03 61/ 7 89 44 13 • www.kressepark-erfurt.de/villa-haage • €€

BARS

Double B ► Klappe hinten, b 2

Das Double B ist die Szenebar Erfurts. Hier gibt es den besten Milchkaffee der Stadt und sechs Biersorten vom Fass. Gemischtes Publikum. Altstadt • Marbacher Gasse 10 • Tram: Domplatz • Tel. 03 61/2 11 51 22 • www.doubleb-erfurt.de • Mo–Fr 8–2, Sa, So 9–2 Uhr

Dreiundvierzig ► Klappe hinten, c 3

Erfurts In-Lounge: gemütlich helle Sessel, an der Decke wechselfarbige Lichtsteifen und puristisches Design an der Bar. Wo man tagsüber junge Thüringer Küche genießt, treffen sich am Abend die Szenegänger. Altstadt • Michaelisstr. 43 • Tram: Fischmarkt/Rathaus • Tel. 03 61/ 5 50 79 50 • www.dreiundvierzig-erfurt.de • Di–Sa 17–1 Uhr

Hier trifft man sich abends in Erfurt: Das Dreiundvierzig (▶ S. 53) ist die neue In-Lounge der Stadt. Besonders schön präsentiert sich das farbige Lichtspiel an der Bar.

KINO

Das größte Kino Erfurts ist der **Cinestar** Filmpalast, dort werden aktuelle Streifen gezeigt. Wer das Besondere sucht, geht in den **Kinoklub**, er macht mit künstlerischen Produktionen sowie Dokumentarfilmen bekannt.
– Cinestar: Altstadt • Hirschlachufer 7 • Tram: Anger • Tel. 03 61/5 50 55 55 • www.cinestar.de

▶ Klappe hinten, e 5

– Kinoklub: Altstadt • Hirschlachufer 1 • Tram: Anger • Tel. 03 61/6 42 21 94 • www.kinoklub-erfurt.de

▶ Klappe hinten, e 5

MUSIK

Jazzkeller ▶ Klappe hinten, c 3

Freunde des Jazz sind in Erfurts Jazzkeller richtig. In den Gewölben mit der schlichten Ausstattung steht Jazz in allen Stilrichtungen auf dem Programm – mit Einflüssen von Tango, Weltmusik, Klassik oder Gospel. Altstadt • Fischmarkt 13–16 • Tram: Fischmarkt/Rathaus • www.jazz.grafx web.de (Karten über das Internet)

THEATER

Die Alte Oper/DasDie ▶ S. 146, A 6

Ausgestattet im Stil der Zwanzigerjahre ist die Alte Oper heute vor allem ein Schauplatz für Gastspiele internationaler Stars. Ob das besondere Musikkonzert, Comedy oder klassische Opern. Geführt wird die Alte Oper vom Veranstaltungszentrum »DasDie«, es betreibt außerdem »Das Brettl«, das sich auf Varieté und Show spezialisiert hat.
Brühlervorstadt • Gorkistr. 1 • Tram: Gorkistraße • Tel. 03 61/55 11 66 • www.dasdie.de

Kabarett Das Lachgeschoss

▶ Klappe hinten, e 3

Während sich das Kabarett Die Arche mit aktuellen politischen und

sozialkritischen Themen befasst, sucht Das Lachgeschoss Themen im größeren gesellschaftlichen Zusammenhang, etwa das Spannungsfeld Mann–Frau. Spöttische Zunge und Wortwitz dominieren die Stücke. Und nach der Vorstellung stehen die Kabarettisten hinter dem Tresen.
Altstadt • Futterstr. 13 • Tram: Futterstraße • Tel. 03 61/6 63 58 86 • www.lachgeschoss.de • Mi, Fr, Sa Spieltage

Neues Schauspiel
▶ Klappe hinten, e 3

Ein junges Ensemble ist mit dem Neuen Schauspiel entstanden. Seine Stücke konzentrieren sich auf klassisches Sprechtheater, aber auch neue Produktionen stehen auf dem Programm. Bei der Sommerbühne spielen die Schauspieler Shakespeare-Werke in der Ruine der Barfüßerkirche.
Altstadt • Futterstr. 12 • Tram: Futterstraße • Aufführungsstelle Barfüßerruine • Barfüßerstr. 20 • Tram: Fischmarkt/Rathaus • Tel. 03 61/5 61 17 11 • www.neues-schauspiel-erfurt.de

Theater Erfurt ▶ Klappe hinten, e 4

Das Theater Erfurt gehört zu den jüngsten Häusern des Landes, es war zudem der erste große Spielstättenneubau nach der politischen Wende. Im Jahr 2003 wurde das Erfurter Theater mit der Oper »Luther« eingeweiht. Heute stehen auf dem Spielplan des Ensembles Opern, genauso wie der »Urfaust« oder Stücke für junge Kunstliebhaber. Spannend ist es auch, tagsüber eine Führung durch das Theater zu buchen. Dann geht es hinter die Kulissen, in die Maschinenräume und die Maske.
Brühlervorstadt • Schlösserstr. 4 • Tram: Theater • Karten-Tel. 03 61/2 23 33 55 • www.theater-erfurt.de

Theaterfirma ▶ Klappe hinten, d 3

Eine besondere Art, die Stadt kennenzulernen, sind Theaterwanderungen bei Fackelschein, etwa mit der Muse der Erzählkunst. Spaziergänge gibt es auch als Krimi, als Rundgang mit der Magd Marie oder als Sagen-Rundgang. Neben den Führungen hat die Theaterfirma auch Stücke für Erwachsene im Programm. Nachmittags Kindervorstellungen.
Altstadt • Tourist-Info bei der Krämerbrücke (Treffpunkt für Theaterspaziergänge) • Tram: Fischmarkt/Rathaus • Tel. 03 62 03/7 35 74, Karten-Tel. 03 61/6 64 01 00 • www.theaterfirma.de • Theaterspaziergänge ab 10 €

Waidspeicher: Kabarett Die Arche ▶ Klappe hinten, b 4

Nicht nur eine Puppenbühne, sondern auch ein Kabarett. Das Ensemble zeigt aktuelle politische Entwicklungen mit auf die Spitze getriebenem Humor. Die Bühne ist im oberen Geschoss, man sitzt bequem auf Ledersesseln neben Tischchen für Getränke.
Altstadt • Domplatz 18 • Tram: Domplatz • Tel. 03 61/5 98 29 24 • www.kabarett-diearche.de

---

MERIAN-Tipp

THEATER IN DER KAPELLE
▶ Klappe hinten, c 4

Die Maria-Magdalenen-Kapelle aus dem 13. Jh. ist umgebaut worden zu einem Theater. Gegenüber der Bühne liegt die Empore für die Orgel, ein kleines Haus mit einer ganz eigenen Stimmung.
Altstadt • Kleine Arche 5 • Tram: Domplatz Süd • Tel. 03 61/55 04 99 01 • www.tik-erfurt.de

Feste und Events in Erfurt

Die Erfurter feiern gerne. Auf dem Programm stehen klassische Konzerte, das Krämerbrückenfest und närrisches Treiben oder Hexentänze während der Walpurgisnacht.

◀ Eine Treppe wird zur Bühne: Bei den Domstufen-Festspielen (▶ S. 58) werden Opern oder Musikstücke aufgeführt.

FEBRUAR
Karneval
Erfurt gilt als Hochburg der thüringischer Narren. Nachdem der Karneval zu DDR-Zeiten verboten war, lassen ihn die Bewohner jetzt wieder besonders aufleben. Rund 2500 Narren ziehen am Sonntag vor Rosenmontag vom Domplatz aus durch die Straßen, begleitet von mehr als 80 Festwagen. Der Umzug startet um 13 Uhr. Straßenbahnen meiden an diesem Tag das Zentrum und fahren nach Sonderfahrplänen.
Sonntag vor Rosenmontag • www.erfordia-helau.de

APRIL
Walpurgisnacht
Nicht nur im Harz wird die Walpurgisnacht groß gefeiert, sondern auch in Erfurt. Die Thüringer setzen am Abend des 30. April einen großen Maibaum auf den Domplatz. Gegen 21 Uhr beginnt dann das Hexenspektakel mit skurrilem Tanz, verkleideten Hexen und einem großen Reigen ums Maifeuer. Mit von der Partie sind viele Livebands.
30. April • www.erfurt.de

MAI
Deutsches Kinder-Medien-Festival Goldener Spatz
Jedes Jahr im Mai findet ein einzigartiges Kinder-Medien-Festival in Erfurt statt. Dann beurteilt eine Kinder-Jury Filme, Fernsehsendungen und Internetseiten und vergibt »Den Goldenen Spatz« – eine Art Oscar der Kinderfilmindustrie. Diese Tradition, die besten Kinderfilme zu küren, findet ihre Wurzeln in der DDR. Heute laufen während der Festivaltage zudem in den Kinos besondere Kinderfilme, und mit etwas Glück lernt man sogar die Hauptdarsteller persönlich kennen.
Ende Mai • www.goldenerspatz.de

Lange Nacht der Museen
Jedes Jahr im Mai feiert Erfurt seine Lange Nacht der Museen. Rund 30 Museen und Galerien öffnen dann ihre Türen. Sie haben oft spezielle Führungen organisiert oder zeigen Sonderausstellungen und sonst nicht zugängliche Kammern. Sie präsentieren auch spezielle Programme für jugendliche Museumsforscher.
Mitte/Ende Mai • www.erfurt.de/museumsnacht • Tickets 7 €, Kinder 5 €, Familienkarte 17 €

JUNI
Krämerbrückenfest
Das größte Altstadtfest Thüringens wurde erstmals 1975 veranstaltet und findet immer am dritten Wochenende im Juni statt. Es dauert drei Tage lang und verwandelt die Erfurter Altstadt in eine einzige Bühne. Straßentheater, Livebands, Kleinkünstler, Aktionen für Kinder. Gaukler ziehen umher und unterhalten die Gäste. Besonderer Höhepunkt ist der **Mittelaltermarkt**, bei dem Thüringer Handwerker ihre Erzeugnisse rund um die Krämerbrücke präsentieren. Dazu gibt es als Rahmenprogramm Schwert- und Schaukämpfe, Possenspiele und Auftritte von Bänkelsängern. Zu den Highlights zählt zudem das angegliederte **New Orleans Music Festival**. Das Krämerbrückenfest startet bereits am Freitagabend.
Drittes Wochenende im Juni • www.erfurt.de

JULI
Internationales Folklorefestival Danetzare

An fünf Tagen wird Erfurt zum Zentrum für außergewöhnliche Musik fremder Kulturen: Dann findet das Internationale Folklorefestival statt. Ensembles aus Südamerika, Afrika und Asien zeigen ihr Können rund um den Fischmarkt und den Anger, aber auch der egapark gehört zu den Aufführungsstätten. Im Mittelpunkt der Festivität stehen traditionelle Tänze in bunten Trachten – schließlich wird es organisiert vom Thüringer Folklore Ensemble Erfurt. Die Veranstaltung endet schließlich mit einem großen Umzug.
Anfang Juli • www.danetzare.de

AUGUST
egapark Lichterfest

Wenn die Tage wieder länger werden, steigt im egapark das beliebte Lichterfest. Dann strahlt der Park im Glanze Tausender Fackeln, Kerzen und Laternen. Bäume und Beete sind in vielen Farben illuminiert, und auf den Wasseroberflächen tanzen Lichter. Romantisch! Das Lichterfest endet mit einem großen Feuerwerk.
Mitte August • www.erfurt-tourismus.de, www.egapark-erfurt.de

Domstufen-Festspiele

Jedes Jahr im August und September steht Erfurt ganz im Zeichen besonderer Aufführungen – der Domstufen-Festspiele. Dann verwandeln sich die Treppen des Mariendoms und der Severikirche zur Kulisse für eine Open-Air-Musikaufführung, das kann eine Mozart- oder Wagneroper sein, die »Carmina Burana« von Carl Orff, ebensogut aber auch ein modernes Musical. Die Festivalzeit dauert drei Wochen, gespielt wird ein Stück. Die Festspiele werden vom Erfurter Theater organisiert. Für Kinder gibt es eigene Nachmittagsvorführungen, sie nennen sich »Domino«.
3 Wochen Mitte August–Anfang September • www.domstufen.de

SEPTEMBER
Cerealienmarkt

Mitte September startet in Erfurt der Cerealienmarkt, benannt nach der römischen Göttin Ceres, die für den Ackerbau zuständig ist. Auf dem Domplatz bieten Gärtner Blumen für die Winterbepflanzung feil – kostenlose Beratung inklusive. Außerdem werden dort frisch geerntete Erzeugnisse, also Kürbisse, Tomaten und Co., verkauft.
Mitte September • www.erfurt-tourismus.de

OKTOBER
Jazzmeile Erfurt

Im Oktober steigt ein großes Jazzfestival – die Jazzmeile Thüringen. Das Musikfest dauert bis in den November, manchmal sogar bis in den Dezember hinein. Dann werden in Erfurt und anderen Thüringer Städten viele Jazzkonzerte und Workshops zur Musikrichtung gegeben. Besonders ist die Vielfalt der Angebote und der Künstler. Einige Veranstaltungsorte liegen auch in Weimar.
Oktober–Dezember • www.jazzmeile.org

NOVEMBER
Martinsfeier

Der Martinstag gehört zu den größten Ereignissen im Terminkalender der Stadt. Tausende Erfurter ziehen dann am 10. November bei Einbruch der Dunkelheit auf den Domplatz.

Feste und Events in Erfurt

Winterromantik pur: Am Domplatz treffen sich die Erfurter in der Adventszeit zum Glühwein auf dem feierlich illuminierten Weihnachtsmarkt (▶ S. 59).

Mit einer ökumenischen Martinsfeier begehen sie den Vorabend des Martinstags. Immerhin ist der Erfurter Stadtpatron der hl. Martin von Tours. Zudem hat Martin Luther in Erfurt gelebt, seiner wird ebenfalls mit diesem Gottesdienst gedacht. Rund um den Martinstag gibt es in Erfurt besondere Spezialitäten, so etwa die Martinshörnchen, und es leuchten die Martinslaternen. Die Feier auf dem Domplatz beginnt um 18 Uhr.
10. November • Domplatz • www.erfurt.de

DEZEMBER
Weihnachtsmarkt
Der Weihnachtsmarkt in Erfurt ist der drittgrößte in Deutschland. Besondere Attraktion des Marktes ist die 12 m hohe erzgebirgische Weihnachtspyramide, aber auch die 20 m hohe Weihnachtstanne und die Weihnachtskrippe mit ihren 14 handgeschnitzten riesigen Holzfiguren sind sehenswert. Eröffnet wird der Weihnachtsmarkt Ende November.
Adventszeit (So–Mi 10–20, Do–Sa 10–21 Uhr) • www.erfurt.de

Familientipps für Erfurt
Der Kika kommt aus Erfurt – Schüler können bei einer Spezialführung die Welt der Tricks und Technik erkunden. Im egapark lockt gleich vor der Tür der größte Spielplatz Thüringens.

◀ Schauspieler führen beim Mitspieltheater die Schotte (▶ S. 61) die Kinder durch die Stadt und sorgen für Kurzweil.

FilOnKuCy ▶ Klappe hinten, c 4

Aus Wolle Frösche formen oder kleine Bälle – in der Ladenwerkstatt FilOnKuCy gehen Kinder ihrer Kreativität nach und filzen kleine Kunstwerke, während die Eltern noch mal eine Runde durch den nahe gelegenen Dom gehen. Immer dienstags von 16 bis 17.30 Uhr findet das Filzen statt.
Altstadt • Paulstr. 29 • Tram: Domplatz Süd • Tel. 03 61/7 89 27 27 • Mo–Fr 10–18, Sa 10–14 Uhr

Freizeit- und Erholungspark Nordstrand ▶ S. 145, nordöstl. F 1

Genau das Richtige für heiße Sommertage: ein richtiger Strand mit Tauchen und Beachvolleyball. Größere Kinder gehen in die Wasserskischule.
Johannesvorstadt • Zum Nordstrand 4 • Bus: Eislebener Straße, Tram: Greifswalder Straße • www.nordstrand-erfurt.de • tgl. 9–21 Uhr • Eintritt 3 €, Kinder 2 €

Kika Erfurt ▶ S. 111

Wie wird Fernsehen gemacht? Kinder schauen hinter die Kulissen oder sind bei einer Sendung dabei. Besuchertouren im Kinderkanal (Kika) sind buchbar über eine Spezialagentur.
– Archelino Kinderreisen und Events: Altstadt • Große Arche 7 • Tel. 03 61/ 24 09 30 31 • www.archelino.de
– Kika im egapark: Brühlervorstadt • Gothaer Str. 38 • Tram: ega • www.egapark-erfurt.de

Mitspieltheater die Schotte
▶ Klappe hinten, e 2

Kinder verwandeln sich in Ritter und Prinzessinnen und spielen auf der

MERIAN-Tipp

SPIELPLATZ IM EGAPARK
▶ S. 111

Ein Paradies für Kinder: größter Spielplatz Thüringens mit Matschzone, Kletterpyramiden und Riesenwasserrutsche. Nebenan liegen Schmetterlingshaus, Kinderbauernhof und Sternwarte. Im Gartenbaumuseum (▶ S. 103) hören die Kinder Käfern beim Fressen zu, drucken mit Blättern und legen einen Garten für die Fensterbank an.
Brühlervorstadt • Gothaer Str. 38 • Tram: ega • www.egapark-erfurt.de • März, April, Okt. tgl. 9–18, Mai–Sept. tgl. 9–20, Nov.–Feb. tgl. 10–16 Uhr • Eintritt frei

Theaterbühne mit. Stücke wie »Der Sandmann« oder »Die Räuber« stehen auf dem Programm.
Altstadt • Schottenstr. 7 • Tram: Stadtmuseum • Karten-Tel. 03 61/6 43 17 22 • www.theater-die-schotte.de • Eintritt 11 €, Kinder 5,50 €

Naturschutzlehrstätte Fuchsfarm
▶ S. 146, südwestl. A 8

Einen Erlebnisausflug in die Natur verspricht die Fuchsfarm mitten im Steigerwald. Dort gibt es Tastpfade, Kinder können Blätter unters Mikroskop legen, den Hochstand erkunden, im Lehmbackofen backen oder aus Gräsern kleine Kunstwerke basteln.
Bischleben • Krummer Weg 101 • Bus: Waldhaus • April–Okt. Di–Fr 10–16, Sa, So 14–16 Uhr • Eintritt frei

Weitere Familientipps sind durch dieses Symbol gekennzeichnet.

Die Krämerbrücke (▶ S. 95) ist ein Muss für alle Erfurt-Besucher. Auf dem Grün vor den Fachwerkhäusern treffen sich im Sommer Touristen und Einheimische.

Unterwegs in
Weimar und Erfurt

Die eine klassizistisch, die andere mittelalterlich –
in Weimar und Erfurt wartet eine Vielzahl von Sehenswürdigkeiten darauf, entdeckt zu werden.

Sehenswertes in Weimar
Beim Wandeln auf den Spuren der großen Klassiker finden sich viele Überraschungen am Wegesrand – und immer wieder lockt der Duft alter Bücher und Folianten.

◂ Treppenaufgang in Goethes Wohnhaus (▸ S. 79). Fast scheint der Geist des großen Dichters noch anwesend zu sein.

Wer nach Weimar kommt, ist meist seinetwegen hier: **Johann Wolfgang von Goethe**. Immerhin hat der Dichter fast 50 Jahre seines Lebens an der Ilm verbracht, in der Stadt wurde er Geheimrat, Theaterdirektor, Bauleiter und auch Familienvater. Fast jeder Stein, so scheint es, kann eine Geschichte über den großen Meister der Literatur erzählen – und selbst Bäume tun es. Am Platz der Demokratie etwa wächst der berühmte Ginkgo-Baum, den Goethe pflanzen ließ.

Bibliotheken und viel Grün

Gleich um die Ecke liegt das Haus der Frau von Stein – Weimar ist die Stadt der kurzen Entfernungen. Und des Klassizismus. Bei Fußwegen zu Schillers Wohnhaus oder zum Nationaltheater finden sich überall Spuren der Dichter. Das schönste Zeugnis der Literaturgeschichte aber bleibt die **Herzogin Anna Amalia Bibliothek** im Grünen Schloss mit ihrem oval geformten Rokokosaal. Wer dort in Schlosspantoffeln steht und den Duft der alten Bücher schnuppert, möchte die Folianten am liebsten anfassen. Der Besuch ist aber streng reglementiert. Gegenüber das moderne Gegenstück: Im **Bücherkubus** darf man Bücher auch mal in die Hand nehmen. Zum Weimar-Besuch gehört auf jeden Fall ein Spaziergang durchs Grün, sei es durch den Goethe-Garten oder einen der Innenhöfe. Während man dort schlendert, fallen viele Kleinigkeiten auf: Schilder, auf denen steht, dass Martin Luther hier gewirkt hat, Bach-Orgeln oder Bauhausbauten. Weimar ist eben nicht nur Goethe.

SEHENSWERTES

Albert-Schweitzer-Gedenkstätte
▸ Klappe vorne, e 2

Im ehemaligen Wohnhaus des Dichters Carl August Musäus befindet sich heute eine Gedenkstätte für den Urwaldarzt Albert Schweitzer (1875–1965). Getragen wird es vom Albert-Schweitzer-Komitee, das sich seit den Sechzigerjahren für die Verbreitung von dessen Ideen stark macht. Im Museum sind u. a. sein Überseekoffer und ein Behandlungszimmer sowie viele Schriftstücke zu sehen.
Altstadt • Kegelplatz 1 • Bus: Friedensstraße • Mai–Okt. Mo–Fr 11–17, Nov.–April Mo–Fr 11–16 Uhr • Eintritt frei

Altenburg
▸ Klappe vorne, f 2

Klassizistischer Bau auf dem Bergrücken nahe des Goethe- und Schillerarchivs. Hier wohnte der Komponist Franz Liszt, heute Sitz des Liszt-Zentrums. Nur von außen zu besichtigen.
Nordvorstadt • Jenaer Str. 3 • Bus: Hellerweg

Bauhaus-Universität ★
▸ S. 142, C 6

Das Uni-Haupthaus, auch als Henry-van-de-Velde-Bau bekannt, zählt zu den bedeutendsten Kunstschulgebäuden des beginnenden 20. Jh. Der schmale Bau mit der langen Front zeigt beispielhaft den Grundsatz der Bauhauslehre: Die Form gehorcht der Funktion. Gekonnt gliedern dreiteilige Fenster die schmucklose Front,

> **WUSSTEN SIE, DASS…**
>
> … die Weimarer nicht Weimaraner genannt werden wollen? Weimaraner bezeichnet die Hunderasse, die Herzog Carl-August hier einst züchten ließ.

allein die Sprossen und leicht gewölbten Balkone geben dem Gründungsort des Stils die vollendete Form. Ein Gang nach innen lohnt, im Foyer befinden sich die Büsten von Henry van de Velde und Walter Gropius.
Im Zentrum der elipsenförmig aufschwingenden Jugendstiltreppe steht die Statue »Eva« von Auguste Rodin. Auch der Gropius-Raum mit seinen gelben eckigen Sofas und der konsequent geometrischen Gliederung ist einen Blick wert, ebenso das Wandgemälde von Oskar Schlemmer im Kleinen Van-de-Velde-Bau vis-à-vis.
Südstadt • Geschwister-Scholl-Str. 8 • Bus: Bauhaus-Universität • Mo–Fr 10–18 Uhr (▶ Im Fokus, S. 76)

Cranachhaus ▶ Klappe vorne, d 4
Am Markt liegen zwei identische Renaissancehäuser nebeneinander. Im linken hat Lucas Cranach d. Ä. im 16. Jh. gewohnt, sein Atelier befand sich im dritten Stock. Teil der als UNESCO-Weltkulturerbe geschützten Ostfassade des Platzes. Lediglich das Theater im Gewölbe ist zu den Vorstellungen öffentlich zugänglich.
Altstadt • Markt 11/12 • Bus: Goetheplatz

Frauenplan ▶ Klappe vorne, c 5
Berühmtester Platz in Weimar. Vor Goethes Wohnhaus (▶ S. 79) plätschert der älteste gusseiserne Brunnen der Stadt. Einst versorgte er die Weimarer mit Trinkwasser, das über ein eigenes »Röhrenfahrtsystem« aus den umliegenden Quellgebieten kam. Heute feiern die Abiturienten des Goethegymnasiums einmal im Jahr ihre »Taufe« am Goethebrunnen. Ein besonderer Ort ist das Gasthaus **Zum weißen Schwan** mit seinen mit Wein bewachsenen Laubengängen. Gegenüber vom Goethe-Nationalmuseum und dem Weißen Schwan steht ein Mann an einem unscheinbaren Holzkohlegrill: Bei ihm gibt es die besten Rostbratwürste der Stadt.
Altstadt • Bus: Wielandplatz

Fürstenhaus ▶ Klappe vorne, d 4
Nach dem Brand des Schlosses im Jahr 1774 zog die fürstliche Familie vorübergehend in dieses klassizistische Haus. Es war eigentlich als Verwaltungsgebäude geplant, doch Carl August lebte mit seiner Familie fast 30 Jahre in diesen Mauern. Heute residiert hier die Hochschule für Musik. Im Herbst sammeln Kinder vor dem Haus verfärbte Blätter vom Goethe-Ginkgo auf, er steht im Vorgarten.
Altstadt • Platz der Demokratie • Bus: Wielandplatz

Gauforum ▶ S. 140, C 3
Im geschichtsträchtigen Weimar wollte auch Hitler mit einem monumentalen Bau seine Spuren hinterlassen. Am Backsteinensemble als riesiger Halle wurde fast bis Kriegsende weitergebaut. Zentrales Element war ein 15 000 qm großer Aufmarschplatz. Heute liegt hier ein Einkaufszentrum. Das Turmhaus informiert Besucher über die Geschichte des Gebäudes.
Nordvorstadt • Weimarplatz • Bus: Friedensstraße • Turmhaus: Mo–Fr 8–18 Uhr • Eintritt frei

---

WUSSTEN SIE, DASS …

…Goethe fasziniert vom Ginkgo-Baum war? Die Bäume, die entweder männlich oder weiblich sind, inspirierten den Dichter sogar zu einem Gedicht. Gespannt verfolgte er die Zuchtversuche in der Orangerie von Schloss Belvedere (▶ S. 73)

Gedenkstätte Buchenwald

▶ S. 123, c 1

Zeugnis von der ungeheuren Grausamkeit der Nationalsozialisten legt das Konzentrationslager Buchenwald ab. Sein **Turm-Mahnmal** ist von Weimars Innenstadt aus gut zu sehen, es liegt nur rund 7 km von der Stadt entfernt. In Buchenwald haben die Nationalsozialisten in den Jahren 1937 bis 1945 mehr als 250 000 Menschen inhaftiert – darunter waren auch der Schriftsteller Elie Wiesel und der Theologe Dietrich Bonhoeffer. Gut vom Lager aus zu sehen war die Inschrift auf dem Tor. Mit grauenvoller Häme steht »Jedem das Seine« dort geschrieben. Den Schriftzug hatte der Bauhaus-Architekt Franz Ehrlich unter Zwang der Nationalsozialisten entworfen – er war selbst in Buchenwald inhaftiert.

Im April 1945 konnte das Lager auf Initiative der Gefangenen befreit werden. Sie hatten die US-Armee per Funk um Hilfe gebeten. Als die Sowjets wenig später zur Besatzungsmacht wurden, nutzten sie Buchenwald bis ins Jahr 1950, um Deutsche als politische Gefangene zu internieren. Zu dieser Zeit starben hier nochmals ungefähr 7000 Menschen.

Auf dem Gelände sind viele Bauten erhalten, und überall erinnern Stelen und Gedenksteine an die hier Ermordeten. Im Desinfektionsgebäude ist heute eine **Kunstausstellung** mit Werken ehemaliger Häftlinge zu sehen. Ganz starke Nerven brauchen Besucher beim Rundgang durch die ehemalige pathologische Abteilung und den Leichenkeller. Abgerissen wurden hingegen die Lagerbaracken zu Zeiten der DDR, aber ihre Grundrisse sind auf dem Gelände markiert. Die Gedenkstätte unterhält auch eine Informationsstelle am Markt 10 in Weimar. Von der Gedenkstätte führt ein Weg nach Schloss Ettersburg, die sogenannte **Zeitschneise**. Der gerade in den Wald geschlagene Weg verbindet auf etwa 1300 m zwei Orte, die unterschiedlicher nicht sein können.
Buchenwald • Bus: Buchenwald • www.buchenwald.de • April–Okt. 10–18, Nov.–März 10–16 Uhr, Außenanlagen bis Einbruch der Dunkelheit geöffnet • Eintritt frei

Wegzeiten (in Minuten) zwischen wichtigen Sehenswürdigkeiten
*mit öffentlichen Verkehrsmitteln

	Bauhaus-Museum	Bienen-museum	Goethes Wohnhaus	Goethes Gartenhaus	Herz. Anna Amalia Bibl.	Liszt-Haus	Schillers Wohnhaus	Schloss-museum	Stadt-museum	Wittumspalais
Bauhaus-Museum	–	15*	6	18	7	9	3	7	5	1
Bienenmuseum	15*	–	15*	17	10*	10*	15*	20*	20*	15*
Goethes Wohnhaus	6	15*	–	18	4	4	3	6	10	5
Goethes Gartenhaus	18	17	18	–	8	6	15	10	18	19
Herzogin Anna Amalia Bibliothek	7	10*	4	8	–	8	5	3	11	6
Liszt-Haus	9	10*	4	6	8	–	7	10	13	10
Schillers Wohnhaus	3	15*	3	15	5	7	–	5	7	3
Schlossmuseum	7	20*	6	10	3	10	5	–	9	7
Stadtmuseum	5	20*	10	18	11	13	7	9	–	6
Wittumspalais	1	15*	5	19	6	10	3	7	6	–

Ein besonderer architektonischer Höhepunkt ist die Bauhaus-Universität (▶ S. 65) mit ihrer Jugendstiltreppe und Auguste Rodins Skulptur »Eva«.

Gelbes und Rotes Schloss

▶ Klappe vorne, d 3

Rund um den Platz der Demokratie erstreckt sich ein besonderes Ensemble. Im **Gelben Schloss**, das mit seiner Hauptfront in Richtung Grüner Markt zeigt, gab einst Johann Sebastian Bach den Kindern des Herzogs Musikunterricht. Erbaut wurde das Barockgebäude 1704 als Witwensitz für Charlotte Dorothea Sophie Herzogin von Sachsen-Weimar. Heute ist es ein Zentrum der Literatur. Sehenswert ist vor allem der moderne Bau des **Bücherkubus** – ein Bibliothekskomplex, der mit seiner modernen Sammlung die Herzogin Anna Amalia Bibliothek (▶ S. 69) ergänzt. Gemeinsam mit dem **Roten Schloss**, das sich südlich an das Gebäude anschließt, und dem **Grünen Schloss**, in dem der Rokokosaal der Herzogin Anna Amalia Bibliothek liegt, war der Schlösserkomplex einst Zeugnis für die Pracht der Residenzstadt Weimar. An der Fassade des Roten Schlosses stechen vor allem die drei barocken Giebel und das schönen Portal mit der Wappentafel in Auge, dahinter befand sich im 18. Jh. die von Goethe und F. J. Bertuch gegründete Freie Zeichenschule. Das Portal ist von der Kollegiengasse aus zu sehen.

Altstadt • Grüner Markt • Bus: Wielandplatz • Bücherkubus: Mo–Fr 9–21, Sa 9–16 Uhr • Eintritt frei

Goethe- und Schiller-Archiv

▶ Klappe vorne, e 1

Hier sind nicht nur Goethes und Schillers literarischer Nachlass zu sehen, sondern auch die Schriften und Briefe von Nietzsche, Büchner, Liszt, Hebbel, Herder und Wieland. Die Goethesammlung ist mittlerweile Weltdokumentenerbe der UNESCO.

Nordvorstadt • Hans-Wahl-Str. 4 • Bus: Hellerweg • Mo–Mi 8–16, Do 8–18 Uhr • wegen Sanierung bis Juni 2012 geschl.

Hauptstaatsarchiv
▸ Klappe vorne, d 5

Der weiße kastenförmige Bau ist nicht zu übersehen. Von der italienischen Renaissance inspiriert, biegen sich innen 30 Regalkilometer voller Karten, Urkunden und Akten aus 1100 Jahren Thüringer Geschichte.
Altstadt • Beethovenplatz • Bus: Wielandplatz

Haus am Horn ▸ S. 142, F 6

Das Musterhaus aus dem Jahr 1923, Weimars einziges von der Bauhaus-Universität entworfenes Gebäude, bevor die Universität nach Dessau abwanderte. Hier ist jeder Schritt, jeder Schrank und jede Lampe funktional und schnörkellos konzipiert. Besonders das Kinderzimmer überzeugt mit seinen einfachen Formen und dem erstaunlichen Nutzwert der Möbel. Eine Führung empfiehlt sich, um die vielen Details zu verstehen.
Parkvorstadt • Am Horn 61 • Bus: Hellerweg • www.hausamhorn.de • Mi, Sa, So 11–18 Uhr • Eintritt 3,50 €, Kinder 0,50 € • Informationen über Führungen unter Tel. 0 36 43/58 30 00

Haus der Frau von Stein
▸ Klappe vorne, d 5

Wo sich Ende des 18. Jh. die Pferdeställe der königlichen Husaren befanden, zog später die Tochter des Hofmarschalls mit ihren sieben Kindern ein: Charlotte von Stein, geborene Schardt. Ihr Vater soll das Palais Schardt entworfen haben. Heute gehört Charlotte von Stein zu den großen Rätseln im Leben Goethes. Wie eng war sie tatsächlich mit dem Dichter befreundet? Sicher ist, dass Goethe ihr mindestens 1700 Briefe geschrieben hat – keiner jedoch beweist eine Liebesbeziehung.
Altstadt • Ackerwand 25–27 • Bus: Wielandplatz • Besichtigung der Innenräume nicht möglich

Herz-Jesu-Kirche
▸ Klappe vorne, a 4

Renaissancekirche, erbaut nach dem Vorbild des Domes von Florenz. Außergewöhnlich in dem katholischen Gotteshaus ist die Orgel: Das Instrument wurde im Jahr 2011 eingeweiht und soll mit seinen mehr als 2500 Pfeifen und 46 Registern an das berühmteste Gemeindemitglied erinnern: Franz Liszt hatte den Neubau der Kirche unterstützt, ihre Vollendung allerdings nicht mehr erlebt.
Westvorstadt • Paul-Schneider-Str. 3 • Bus: Katholische Kirche • www.herzjesu-weimar.de

Herzogin Anna Amalia Bibliothek ⭐ ▸ Klappe vorne, e 4

Mit ihrem Rokokosaal ist sie eine der schönsten Bibliotheken Europas. Die Herzogin Anna Amalia Bibliothek ist eine der ersten fürstlichen Bibliotheken, die öffentlich begehbar waren. Gegründet 1691 unter Herzog Wilhelm Ernst von Sachsen-Weimar, war es jedoch eine Frau, die die Bibliothek vorantrieb: Herzogin Anna Amalia richtete für die Büchersammlung ein eigenes Haus ein und ließ 1766 das Grüne Schloss zur Bibliothek umbauen – samt repräsentativem Saal. Mit dem heute so berühmten Rokokosaal schuf sie ein Schmuckstück auf zwei Etagen mit goldenen Verzierungen auf den weiß gefassten Wänden und wunderbaren alten Büchern in den Regalen. Umgeben sind sie von Gemälden und Plastiken von Fürsten und Dichtern. Die Bibliothek war einst Arbeitsplatz von Goethe, er hatte gemeinsam mit dem Dichter

Christian Gottlob von Voigt die Oberaufsicht. Schwerpunkt der mehr als 1 Mio. Stücke starken Sammlung ist die deutsche Literatur um 1800, die ältesten Bücher in der Bibliothek stammen aus dem 9. Jh. Die HAAB, wie sie auch kurz genannt wird, gehört mit ihrer großen Kollektion an Schriftstücken aus der Zeit des Klassizismus zu den Herzstücken jener Zeit. Allerdings brach 2004 ein Brand im Zentrum der historischen Bibliothek aus. Er vernichtete 50 000 Bücher und setzte dem Saal schwer zu. Noch bis ins Jahr 2015 arbeiten Restaurateure daran, die bei einem Feuer beschädigten und in Tiefkühltruhen gelagerten 64 000 Bücher wiederherzustellen. Die Tickets sind stark reglementiert – unbedingt vorbestellen.
Altstadt • Platz der Demokratie 1 • Bus: Wielandplatz • Kartentelefon 0 36 43/54 54 01/02 • www.klassik-stiftung.de • Di–So 9.30–14.30 Uhr • Eintritt 6,50 €, Kinder frei

Historischer Friedhof mit Fürstengruft ▸ S. 142, C 6

Bedeutendes klassizistisches Bauwerk aus den 1820er-Jahren, einst von Großherzog Carl August in Auftrag gegeben. Sehenswert ist insbesondere der Kapellenraum mit seiner sternenbemalten Kuppeldecke im neoklassizistischen Stil und der darunter liegenden ovalen Bodenöffnung zur Gruft. Dort reihen sich 43 Särge auf, auch Goethes und Schillers Sarkophage stehen direkt nebeneinander. In der russisch-orthodoxen Kapelle, die Großherzog Carl Friedrich für die Zarentochter Maria Pawlowna erbauen ließ, finden noch heute russisch-orthodoxe Gottesdienste statt.
Südstadt • Am Poseckschen Garten • Bus: Am Poseckschen Garten • Mai–Sept. tgl. 10–18, Okt.–April tgl. 10–16 Uhr • Eintritt 3,50 €, Kinder frei

Jakobskirche und Jacobskirchhof
▸ Klappe vorne, c 1

In der Sakristei dieser Kirche ließen sich Goethe und Christiane Vulpius 1806 trauen. Das Paar hatte zuvor bereits 18 Jahre in wilder Ehe verbracht. Die Kirche stammt von 1713 und ist im Stil des Barock gestaltet. Nach dem Brand des Schlosses fungierte sie als herzogliche Hofkirche, Napoleons Truppen funktionierten sie später zum Lazarett um. Vom Turm zeigt sich ein schöner Rundumblick über die Stadt. Der Jacobskirchhof mit seinem Kassengewölbe ist der älteste Friedhof der Stadt, hier wurden schon im 13. Jh. Menschen beigesetzt. Christiane von Goethe fand hier ebenso wie Herders Frau Caroline oder Lucas Cranach d. Ä die letzte Ruhe.
Altstadt • Rollplatz • Bus: Goetheplatz

Kirms-Krakow-Haus
▸ Klappe vorne, d 2

Man muss schon genau hinsehen, um es zu finden: Der alte Vierseitenhof gliedert sich unauffällig in die Fassaden der Jakobstraße ein. Der Zauber des Gebäudes eröffnet sich erst im kopfsteingepflasterten Innenhof. Hölzerne Loggien mit Stützbalken umgeben die Gebäude, die breite Toreinfahrt sorgt für ein Flair vergangener Zeiten. Schon der dänische

---

WUSSTEN SIE, DASS ...

... Schillers Sarg leer ist? Der Dichter wurde zunächst auf dem Jacobsfriedhof beigesetzt. 1826, 21 Jahre nach seinem Tod, sollten die Gebeine überführt werden, doch niemand konnte sie genau identifizieren.

Das neugotische Rathaus (▶ S. 73) bildet mit seinem repräsentativen Balkon und dem Glockenturm eine majestätische Kulisse für den quirligen Marktplatz von Weimar.

Märchendichter Hans-Christian Andersen hatte bei seinem Weimar-Aufenthalt 1844 von dem Gebäude geschwärmt, wo er in einem herrlichen Blumengarten zwischen Rosen gewandelt sei. Hübscher Garten, mit Buchsbaum eingefasste Beete und historisches Gartenhaus. In den Innenräumen sind klassizistisch ausgestattete Räume zu sehen (▶ S. 80).
Altstadt • Jakobstr. 10 • Bus: Friedensplatz • April–Okt. Di–So 8–20 Uhr • Eintritt 1,50 €, Kinder frei

Marstall, Thüringisches Hauptstaatsarchiv: Zermahlene Geschichte ▶ Klappe vorne, d 2–e 2

Eine ehemalige Verwaltungsbaracke der Gestapo haben die Weimarer auf ganz eigene Art verwandelt. War das Gebäude nach dem Krieg noch Zufluchtsort für Flüchtlinge, störte es später mehr und mehr im Neorenaissance-Gesamtensemble des Thüringischen Hauptstaatsarchivs. Im Jahr 1999 wurden die geschichtlich belasteten Gebäude öffentlich zer-

mahlen. Die geschredderten Barackenreste liegen nun als Skulptur am Boden des Innenhofs und erinnern an seine dunkle Vergangenheit.
Altstadt • Marstallstr. 2 • Bus: Friedensplatz • www.zermahlene geschichte.de

Nietzsche-Archiv ▸ S. 142, A 6

Weimar fern von Klassizismus und Goethe: Hier dreht sich alles um die drei letzten Lebensjahre von Friedrich Nietzsche, die der Philosoph schwer krank in Weimar bei seiner Schwester verbrachte. Nach Nietzsches Tod baute der belgische Jugendstilarchitekt Henry van de Velde das Haus zu einer Gedenkstätte um. Besonders schön sind die Bibliothek und das Arbeitszimmer mit dem lang gezogenen Sofa im Bauhausstil.
Westvorstadt • Humboldtstr. 36 • Bus: Gutenbergstraße • April–Okt. Di–So 13–18 Uhr • Eintritt 2,50 €, Kinder frei

Park an der Ilm ▸ S. 143, D 5–F 7

Eng mit dem Dichter Goethe verwoben ist das Stück Land südlich der Anna Amalia Bibliothek: Kein anderer als Goethe selbst verwandelte die ehemalige Grünfläche in einen Park. Im Jahr 1776 schenkte ihm Herzog Carl August das Gartenhäuschen, das zum ersten festen Wohnsitz Goethes in Weimar wurde. Schon zwei Jahre später entstanden auf Initiative des Dichters die ersten Bauten und Plätze am westlichen Felsenhang.
Parkvorstadt • Bus: Berkaer Straße

Borkenhäuschen ▸ Klappe vorne, e 6

Romantisches hölzernes Bauwerk im Welschen Garten – rund und wie ein Baum mit Rinde verkleidet. Goethe hat diesen Teil des Gartens als romantischen Aufführungsort gestaltet.

Künstliche Ruine ▸ S. 142, E 5

Die frühere Schießmauer der Weimarer Schützen ließ Goethe zu einer Ruine umwandeln, um an den Verfall der Welt zu erinnern.

Parkhöhle ▸ S. 142, D 5

In dem alten Stollensystem aus dem 18. Jh. wurde erst das Gestein Travertin abgebaut, später wurde der Stollen Bierkeller, dann Luftschutzraum. 12 m untertage sind interessante Fossilienbildungen zu sehen. Warm anziehen, auch im Sommer sehr kühl!
Eingang nahe Liszt-Haus • April–Nov. Di–So 10–12, 13–18, Nov.–April Di–So 10–12, 13–16 Uhr • Eintritt 3,50 €, Kinder frei

Pogwischhaus ▸ S. 142, E 5–F 5

Wohnhaus von Goethes Sohn August und dessen Frau Ottilie von Pogwisch. Hier lebte der letzte Nachfahr des Dichters, Walther von Goethe. Mit ihm ist die Blutlinie Goethes übrigens ausgestorben. Heute ist der Bau Residenz für Wissenschaftler.
Am Horn 4 a • Bus: Hellerweg

Reithaus ▸ Klappe vorne, e 7

Das Gebäude stammt aus den Jahren 1715 bis 1718 und wurde eigentlich im barocken Stil erbaut. Erst 1803 bekam es ein klassizistisches Gesicht. Nicht nur Fürsten ritten ihre Runden, die Reithalle diente auch der Unterhaltung. Hier zeigten einst Seiltänzer oder Kunstreiter ihr Können, heute die politische Jugendbildungsstätte.
Ilmpark • Bus: Wielandplatz

Römisches Haus ▸ S. 143, E 6

Wie ein antiker Tempel thront das Römische Haus über dem Park an der Ilm. Es entstand 1791 unter der Bauleitung Goethes ganz im Stil des

Klassizismus als Rückzugsort für Herzog Carl August. Obwohl die Innenräume unmöbliert sind, lohnt der Blick auf reine klassizistische Stilformen. Ebenfalls sehenswert: die Rückseite mit Arkadengang und Brunnen.
Park an der Ilm • Bus: Helmholtzstraße • April–Sept. Mi–Mo 10–18, Okt. Mi–Mo 10–16 Uhr • Eintritt 3,50 €, Kinder frei

Tempelherrenhaus ▶ S. 142, D 5
Aus einem Gewächshaus entstanden, hatte Goethe den Turm entworfen, der heute noch steht. Zu Goethes Zeit nutzen Herzöge und angesehene Bürger das Areal als Bühne für Feiern und Theater, später machten Bauhauskünstler die Räume zur Werkstatt. Im Zweiten Weltkrieg wurde das dazugehörige Haus zur Ruine.

Rathaus ▶ Klappe vorne, c 4–d 4
Bereits 1396 befand sich ein Rathaus an dieser Stelle, es brannte 1424 ab. Sein Nachfolger ging 1837 ebenfalls in Flammen auf und hinterließ nur das Stadtwappen und steinerne Portale. Das Gebäude wurde 1841 im neugotischen Stil mit einem Glockenspiel aus Meissner Porzellan erbaut. Es erklingt von April bis November immer um 10, 12, 15 und 17 Uhr. Zur Adventszeit verwandelt sich die Ostfassade zu einem feierlich beleuchteten Adventskalender.
Altstadt • Markt 1 • Bus: Goetheplatz

Schloss Belvedere ▶ S. 123, c 1
Das barocke Lustschloss im Süden Weimars wurde nach dem Vorbild von Schloss Belvedere in Wien als Residenz für Ernst August I. erbaut. Herrlicher Blick vom Schlosspark auf das Weimarer Land. Mit Rokokomuseum im Schloss, die reiche Sammlung exotischer Pflanzen lockte bereits Goethe häufig in die Orangerie. Die russischen Gärten hat Herzogin Maria Pawlowna angelegt. Besonders hübsch sind die kleinen Heckentheater samt Aufführungen im Sommer. Am schönsten ist das Schloss am Morgen, bevor die Besuchergruppen kommen, dann üben hochbegabte Kinder des Musikgymnasiums auf ihren Instrumenten (▶ MERIAN-Tipp, S. 73). Einige der Gebäude fungieren heute als Internat. Das Haupthaus des Gymnasiums ist ein moderner Bau von 1996, errichtet im Bauhausstil. Im Schloss befindet sich auch ein Museum für Kunsthandwerk. Darin sind Möbel des 18. Jh. und Fayencen aus Thüringer Manufakturen zu sehen, der Schwerpunkt der Sammlung liegt auf thüringischem Porzellan.

MERIAN-Tipp

MUSIKGYMNASIUM BELVEDERE ▶ S. 123, c 1
Wer klassische Musik mag, sollte bei einem Besuch von Schloss Belvedere (▶ S. 73) unbedingt am ehemaligen Kavaliershaus vorbeischauen. Gerade in den Morgenstunden üben hier die hochbegabten Kinder des Musikgymnasiums. Das Kavaliershaus gehört ebenso zum Internat wie das moderne Haupthaus. An warmen Tagen gibt es Open-Air-Konzerte gratis. Die kleinen Musiker geben regelmäßig am Samstagnachmittag Konzerte im Saal des Gymnasiums.
Ehringsdorf • Belvederer Allee • Bus: Belvedere • www.musikgymnasium-belvedere.de

Ehringsdorf • Belvederer Allee • Bus: Belvedere • Schloss: April–Okt. Di–So 10–18 Uhr • Eintritt 5 €, Kinder frei • Orangerie: 22. Dez.–Feb. Mi–So 11–16, März–25. April Mi–So 11–17, Führung durch den Park April–Okt. So 11–12 Uhr • Eintritt 2,50 €, Kinder frei

Den Altar der Stadtkirche St. Peter und Paul (▶ S. 75) schuf Lucas Cranach.

Schloss Ettersburg ▶ S. 123, c 1

Ganz in der Nähe der Erinnerungsstätte Buchenwald liegt Schloss Ettersburg auf einer Anhöhe. Es diente als Sommersitz von Herzogin Anna Amalia, bevor sie sich für Schloss Tiefurt entschied. Zu Goethes Zeit war das Schloss ein sommerliches Kulturzentrum. Nach dem Krieg verfiel die Anlage bis zur Wiedervereinigung – ein Förderverein belebte das Gebäude schließlich neu. Heute finden hier Theateraufführungen statt. Nicht versäumen: eine Promenade durch den Schlosspark, er wurde von Fürst Pückler-Muskau mitgestaltet. Die alte Tradition als Kulturzentrum lässt man auf Schloss Ettersburg jedes Jahr zu Pfingsten wieder aufleben. Dann läuft ein Festival mit Lesungen, Theater, Oper und Konzerten. Außerdem residieren dort junge Künstler und zeigen ihre Arbeiten. Ettersburg • Am Schloss 1 • Bus: Schloss • www.schlossettersburg.de

Schloss Tiefurt 3 ▶ S. 123, c 1

Schloss Tiefurt erstreckt sich etwas außerhalb im Osten der Stadt, ein Ausflug dorthin lohnt sich unbedingt. Es gilt zwar als das bescheidenste aller Weimarer Schlösser, aber mit seiner Einbettung in die Grünanlagen gehört es zu den schönsten. Seine begrünten Altane (Söller) an den Außenfassaden, die vielen Ruheplätze im englisch gestalteten Park mit seinen verschlungenen Wegen – insbesondere aber das gelb gehaltene Kaminzimmer, das trotz seiner Blumenranken an den Wänden nicht kitschig wirkt, ist den Abstecher wert.
1765 wurde Tiefurt als Pächterhaus für das herzogliche Kammergut gebaut, 1781 übernahm Herzogin Anna Amalia Tiefurt und ernannte es zu ihrem Sommersitz. Mit seinen schattigen Gärten, die an den sanft abfallenden Hügeln bis zum Ilm reichen, bot es die willkommene Erfrischung in Hochsommertagen. Anna Amalia lud regelmäßig Schiller, Goethe, Herder und Wieland zur Teerunde ein. Im Schlosspark stehen das erste Mozart-Denkmal Deutschlands, ein Teesalon und ein blumenberankter Musentempel. In der Kalten Küche ist fürstliches Porzellan ausgestellt, und die Speisen der damaligen Zeit sind täuschend echt nachgebildet.

Tiefurt • Hauptstr. 1 • Bus: Tiefurt Schloss • April–Nov. 10–18 Uhr • Eintritt 5 €, Kinder frei

Stadthaus ▸ Klappe vorne, d 4

In dem grün-weißen Renaissancebau mit Steinmetzarbeiten an der Fassade feierten schon Goethe und Schiller Maskenbälle. Heute befinden sich dort der Ratskeller und die Touristeninformation. Der unterirdische Gang, der das Haus mit dem Rathaus verbindet, ist für Besucher leider nicht zugänglich.
Altstadt • Markt 10 • Bus: Goetheplatz

Stadtkirche St. Peter und Paul (Herderkirche)
▸ Klappe vorne, d 2–d 3

Der quirlige Herderplatz wird dominiert von der St.-Peter-und-Paul-Kirche. Sie gehört zu den vielbesuchten Orten der Stadt, ihr Altar ist weltberühmt: Lucas Cranach d. Ä. hat ihn in seinem letzten Lebensjahr begonnen, sein Sohn hat das Werk 1555 vollendet. In dem Gotteshaus wirkte Johann Gottfried Herder als Oberpfarrer und Generalsuperintendent – Goethe hatte ihn nach Weimar geholt. Besondere Atmosphäre kommt zum Friedensgebet jeden Mittwoch auf (12 Uhr). Gemeinsam mit dem Gemeindehaus (Herderhaus) und dem Garten ist das Ensemble heute UNESCO-Weltkulturerbe.
Der Garten hinter dem Wohnhaus ist eine kleine Oase mitten in der Stadt, dort wachsen Bohnen und Rosen einträchtig nebeneinander, Rosmarin und Rosen verströmen einen betörenden Duft. Lustig: die sprechende Bank im hinteren Teil.
Altstadt • Herderplatz • Bus: Goetheplatz • Mi 10–18, Führungen April–Okt. Mo–Fr 17 Uhr

Stadtschloss
▸ Klappe vorne, d 3–e 3

Wer vom Ilmpark aus nach Weimar kommt, stößt auf einen Prunkbau mit einem grauen Turm – das Stadtschloss. Im 10. Jh. war es bereits als Wasserburg in Funktion, fiel aber zweimal den Flammen zum Opfer, nur der graue Steinturm ist bis heute erhalten geblieben. Zu Zeiten der Renaissance war das frisch aufgebaute Schloss von Wassergräben umgeben – und mit Beginn des Dreißigjährigen Krieges brannte das Ensemble erneut nieder. Es wurde wieder aufgebaut und bekam ein bemerkenswertes Gotteshaus mit einem ungewöhnlich hoch aufragenden Altar. So bürgerte sich bald der Spitzname »Himmelsburg« ein. Johann Sebastian Bach, der von 1708 an neun Jahre als Organist in der Kirche tätig war, widmete ihr seine geistliche Kantate »Himmelskönig, sei willkommen« (1714 uraufgeführt). Leider ist auch dieses Bauwerk in späterer Zeit den Flammen zum Opfer gefallen.
Die heutige Form des Stadtschlosses ist keinem anderen als Goethe zu verdanken. Unter Herzog Carl August wirkte der Dichterfürst an den Plänen für einen Wiederaufbau des Schlosses als Baumeister. Eine Innenbesichtigung des Gebäudes lohnt sich, die Räumlichkeiten gehören zu den schönsten Zeugnissen der klassizistischen Bauweise, besonders der Rote Salon sowie der Festsaal. Als Deutschland 1918 demokratisch wurde, regierte Friedrich Ebert hier. Das Schloss beherbergt heute ein Kunstmuseum (▸ Museen, S. 83).
Altstadt • Burgplatz • Bus: Wielandplatz • April–Okt. Di–So 10–18, Nov.–März Di–So 10–16 Uhr • Eintritt 3 €, Kinder frei

Im Fokus

Das Bauhaus
Die Wiege der modernen Architektur steht in Weimar, hier wurde 1919 das Bauhaus gegründet. Viele Spuren des schnörkellosen Stils lassen sich noch finden.

Gegenüber dem Nationaltheater in Weimar liegt ein pinkfarbenes Gebäude, flach, beinahe unscheinbar, verglichen mit den vielen Prachtbauten der Stadt. Ausgerechnet in diesem kleinen, flachen Haus befinden sich Zeugnisse einer der wichtigsten Designrichtungen der Moderne: Es handelt sich um das Bauhaus-Museum. Die Wiege des Bauhaus befindet sich in Weimar. Hier gründete der deutsche Architekt Walter Gropius (1883–1969) eine staatliche Schule, deren Lehre über Design und Architektur bis heute weit über Deutschlands Grenzen hinausstrahlt. Die Wurzeln des Bauhausstils liegen dabei in der ehemaligen Großherzoglich-Sächsischen Hochschule für bildende Kunst. Deren Leiter, der belgische Architekt und Jugendstildesigner Henry van de Velde, berief Walter Gropius 1919 zum neuen Direktor. Gropius vereinte die Schule mit der Kunstgewerbeschule in Weimar, benannte die Schule in »Staatliches Bauhaus« um und veröffentlichte kurze Zeit später sein Bauhaus-Manifest.

»form follows function«

Wichtigster Leitsatz seiner neuen Lehre ist: »Die Form gehorcht der Funktion«. Bauhaus ist die erste Stilrichtung, die Form und Funktion vereint. Damit hat die Gruppe um Gropius eine neue schlichte und geradlinige Lebenswelt geschaffen, die den Bedürfnissen des

◀ Vom Schaukelstuhl bis zur Teekanne – das Bauhaus-Museum (▶ S. 76) zeigt, wie zeitlos schön Design sein kann.

Menschen entspricht. Die Bauhausarchitekten, Grafiker und Produktdesigner verzichteten bewusst auf Schnörkel. Gropius sieht Handwerk als Grundlage zur Kunst. »Architekten, Bildhauer, Maler – wir alle müssen zum Handwerk zurückkehren. Es gibt keinen Wesensunterschied zwischen dem Künstler und dem Handwerker. Der Künstler ist eine Steigerung des Handwerkers«, erklärt Walter Gropius in seinem Bauhaus-Manifest und spricht sich ausdrücklich gegen die Trennung zwischen freier Kunst und Kunsthandwerk aus. Er beruft international bekannte Künstler wie Lyonel Feininger, Johannes Itten, Wassily Kandinsky, Paul Klee oder Oskar Schlemmer an seine Hochschule für Gestaltung und lässt sie gemeinsam mit Handwerkern an Planung und Produktion arbeiten, damit die Entwürfe so praxisnah wie möglich sind. Sein Augenmerk liegt aber vor allem auch darin, die Kunst mit der modernen Technik zu vereinen. Er erkennt die Möglichkeiten der industriellen Massenproduktion und schafft Bahnbrechendes: Das Bauhaus fertigt kunsthandwerkliche Stücke wie Lampen oder Möbel an und liefert damit die ersten Prototypen für Massenfertigungen in der Industrie.

Prototypen für Ikea & Co.

Viele der Bauhausstücke sind heute längst Designklassiker geworden, dazu gehört der Sessel »Wassily« von Marcel Breuer, die Wagenfeld-Leuchte, die Kaffeeservices von Marianne Brandt, die Bauhaus-Bauklötze von Alma Siedhoff-Buscher oder die Futura-Schriftart, entworfen von Paul Renner – und die »Wiege«, entworfen von Kandinsky-Schüler Peter Keler. Sie steht in Weimars Bauhaus-Museum. Und während der Betrachter sich diesen Tetraeder ansieht, in dem Säuglinge kuscheln sollen und der sich auf seinen hölzernen Reifen hin und her bewegt, stellt man fest, dass er hübsch aussieht, aber überhaupt nicht gemütlich ist. Zwar hat sich das Bauhaus-Manifest im internationalen Design massiv durchgesetzt, dennoch haben Städteplaner und Architekten diese Reduzierungen der Form zugunsten der Funktionalität inzwischen wieder aufgelockert. Die Rückführung des Baus auf Einfachheit und radikal reduzierte Mittel brachte auch die ersten Reihenhäuser und Plattenbauten hervor – etwa in der Gropius-Siedlung in Berlin. Diese Ideen veränderten nachhaltig die Städteplanung auf der ganzen Welt – und haben an vielen Orten soziale Brennpunkte geschaffen. Die kunsthandwerklich vollendeten Prototypen für die Industrie haben sich dagegen bewährt – nicht nur Ikea arbeitet bis heute nach diesem Prinzip.

Das Bauhaus flüchtete aufgrund des politischen Drucks 1925 nach Dessau, anschließend nach Berlin, wo es unter den Nationalsozialisten verboten wurde. Spuren in Weimar finden sich noch an der Bauhaus-Universität, im Haus am Horn, beim Denkmal für die Märzgefallenen – und im Bauhaus-Museum. Da die Räume am Theaterplatz längst zu eng für die umfassende Sammlung geworden sind, entsteht bis 2013 ein völlig neues Museum in Weimar.

Bauhaus-Museum Weimar

▶ Klappe vorne, c 3

Theaterplatz 1 • Bus: Goetheplatz • www.das-bauhaus-kommt.de • tgl. 10–18 Uhr • 4,50 €, Kinder frei

Museen in Weimar
Nein, es gibt nicht nur Goethe- und Schillermuseen in Weimar. Die Stadt überrascht mit ihrer Vielfalt: vom neu konzipierten Liszt-Haus über die Kunsthalle bis hin zum Bauhaus-Museum.

Bauhaus-Museum – Goethes Wohnhaus

◂ Ein Besuchermagnet: Goethes Gartenhaus (▸ S. 80) im Park an der Ilm war der erste Wohnsitz des Dichters in Weimar.

In kaum einer anderen Kleinstadt findet sich eine solche Dichte hochrangiger Museen wie in Weimar. Allen voran natürlich die Häuser von Goethe und Schiller. Dabei lohnt es sich, nicht gleich am Goethe-Nationalmuseum anzufangen, sondern im Ilmpark zu beginnen. Er allein steckt schon voller Sehenswürdigkeiten aus der Zeit Goethes. Der Park war des Dichters Rückzugsort. Selbst als er längst in der Innenstadt wohnte, liebte der Dichter den Blick ins Grün des Ilmtals. In seinem Gartenhaus übernachtete er oft auf der Terrasse und blickte lange in die Sterne.

Großer Besucherandrang

Dass in Weimar so berühmte Stücke wie »Torquato Tasso« oder »Wilhelm Tell« entstanden sind, erfahren die Besucher in den Museen. Überall locken Bücher in der Stadt, am meisten natürlich in der berühmten Anna Amalia Bibliothek, aber auch im Goethe- und Schillerarchiv. Nicht nur in der Bibliothek, sondern auch in Goethes Wohnhaus und im Gartenhaus wird die Klassik Stiftung an manchen Tagen dem Andrang nur Herr, indem sie die Eintrittskarten limitiert. Deswegen sollten sich Besucher rechtzeitig um Tickets kümmern. Die Museen zeigen sich außerdem besonders kinderfreundlich. In den meisten Häusern, die von der Klassik Stiftung geführt werden, haben Kinder bis 16 Jahre kostenfreien Eintritt. Sozialschwache können bei der Diakonie einen Weimar-Pass beantragen, der erhebliche Vergünstigungen für Museumsbesuche bringt.

MUSEEN

Bauhaus-Museum
▸ Im Fokus, S. 76

Deutsches Bienenmuseum
▸ grüner reisen, S. 38

Eisenbahnmuseum ▸ S. 140, F 1
Größtes Eisenbahnmuseum Thüringens, Drehkreuz mit alten dampf-, elektronischen oder dieselbetriebenen Loks. Zu großen Festen Sonderfahrten, Übernachten im Schlafwagen.
Nordvorstadt • Eduard-Rosenthal-Str. 50–52 • Bus: Eduard-Rosenthal-Straße • www.thueringer-eisenbahn verein.de • März–Okt. Mi–So 9–15 Uhr • Eintritt 3 €, Kinder 2,50 €

Ginkgo-Museum
▸ Klappe vorne, c 4
Hier werden alle Fragen rund um den Goethe-Baum beantwortet: Welche Heilwirkungen hat Ginkgo und welche Beziehung hatte Goethe zum Baum? Im Erdgeschoss Gummibärchen, Senf oder Saft aus Ginkgo.
Altstadt • Windischenstr. 1 • Bus: Wielandplatz • www.ginkgomuseum.de • tgl. 10–17.30, So 10–15.30 Uhr • Eintritt frei

Goethes Wohnhaus und Goethe-Nationalmuseum ✦
▸ Klappe vorne, c 5
Ein bisschen ist es wie früher, wenn die Kutschen klappernd über das Kopfsteinpflaster rollen, während im Innenhof das Wasser aus der Wand in ein Sandsteinbecken rinnt. Eine imponierende Reise in das Leben des Dichters, der hier beinahe 50 Jahre lang wohnte – sogar den Sessel, in dem er starb, kann man sehen. Beeindruckend: die Statue der Juno und die Sammlung der Porzellanteller im

Gelben Saal. Der Audioguide verrät, dass Goethe seinen Gästen oft statt eines Desserts Ledermappen mit neuen Kunstwerken servierte. Im Arbeitszimmer steht der Federkiel so auf dem Tisch, als sei Goethe gerade spazieren. Das angrenzende **Goethe-Nationalmuseum** befindet sich bis Herbst 2012 im Umbau, dort entsteht eine neue ständige Ausstellung.
Altstadt • Frauenplan 1 • Bus: Wielandplatz • www.klassik-stiftung.de • Jan.–März Di–So 9–16, April–Sept. Di–Sa 9–19, So 9–18, Okt. Di–So 9–18, Nov.–Dez. Di–So 9–16 Uhr • Eintritt 8,50 €, Kinder frei

Goethes Gartenhaus
▸ Klappe vorne, f 6

Wer zu Goethe will, sollte erst sein Gartenhaus besichtigen und anschließend das Wohnhaus. Dann offenbart sich der Zauber des Einfachen im Gartenhäuschen. Interessant ist hier vor allem die simple Küche, wer genau hinblickt, erkennt den Abfluss direkt in den Garten. Skurril: der Sattelstuhl, an dem Goethe stehend arbeitete, und sein zusammenklappbares Reisebett. Manch einer holt sich beim Gang durch den Garten Inspirationen für die eigene Grüngestaltung.
Parkvorstadt • Park an der Ilm • Bus: Bauhaus-Universität • www.klassik-stiftung.de • April–Okt. Mi–Mo 10–18, Nov.–März Mi–Mo 10–16 Uhr • Eintritt 4,50 €, Kinder frei

Haus am Horn
▸ Sehenswertes, S. 69

Haus Hohe Pappeln
▸ S. 142, südl. F 8

Das einstige Wohnhaus des belgischen Architekten Henry van de Velde ist schlicht im Jugendstil gehalten. Die Aufteilung der Zimmer orientiert sich am Lauf der Sonne. Beeindruckendes Parkett im Wohnzimmer.
Südstadt • Belvederer Allee 58 • Bus: Hainfels • www.klassik-stiftung.de • April–Nov. Di–So 13–18 Uhr • Eintritt 2,50 €, Kinder frei

Kirms-Krakow-Haus
▸ Klappe vorne, d 2

Dieses Haus hat schon Johann Nepomuk Hummel, Franz Liszt, Hans-Christian Andersen sowie August Wilhelm Iffland beherbergt. Die Innenräume zeigen Erinnerungsstücke.
Altstadt • Jakobstr. 10 • Bus: Friedensplatz • www.thueringerschloesser.de • 25. März–Okt. Fr 13.30–17, Sa, So 10–17 Uhr • Eintritt 1,50 €, Kinder frei

Kunsthalle Harry Graf Kessler
▸ Klappe vorne, b 2

Die Kunsthalle gehört zum Stadtmuseum, zeigt moderne Kunst und ist Gastgeber für Lesungen.
Altstadt • Goetheplatz 9 b • Bus: Goetheplatz • www.stadtmuseum.weimar.de • Di–So 10–17 Uhr • Eintritt 3 €, Kombikarte mit Stadtmuseum 4 €, Kinder frei

Liszt-Haus
▸ Klappe vorne, d 6

Hier verbrachte der Komponist auf Einladung die Sommer von 1869 bis zu seinem Tod 1886. Im ehemaligen Haus der Hofgärtner unterrichtete Liszt junge Pianisten aus dem In- und Ausland. Erstaunlich: das stumme Klavier für Fingerübungen auf Reisen. Jeden 1. und 3. Montag der Monate April–Juli, Sept. und Okt. um 12 Uhr Konzerte am Liszt-Flügel von Studenten der Musikhochschule.
Parkvorstadt • Marienstr. 17 • Bus: Wielandplatz • 22. März–Dez. Di–So 10–18 Uhr • Eintritt 4 €, Kinder frei

Museum für Ur- und Frühgeschichte 👫 ▶ S. 142, C 5

Ein Ausflug in die Vergangenheit: Mammutzähne, Behausungen aus der Jungsteinzeit, uralte Werkzeuge, Fundstücke aus der Grabungsstätte in Ehringsdorf. Interessante Goldschmiedearbeiten aus alten Fürstengräbern. Schöner Spielplatz im Park.
Südstadt • Humboldtstr. 11 • Bus: Humboldtstraße • www.spuren-der-eiszeit.de • Di 9–18, Mi–Fr 9–17, Sa, So, 10–17 Uhr • Eintritt 3,50 €, Kinder 1 €

Neues Museum ▶ S. 140, C 2

Im ersten Thüringer Museum der Gegenwartskunst sind moderne Malerei, Videoinstallationen und Plastiken zu sehen. Ausgegliederter Museumsteil im E-Werk mit Rauminstallation »Konzert für Buchenwald«.
– Neues Museum: Nordvorstadt • Weimarplatz 5 • Bus: Friedensstraße • www.klassik-stiftung.de • April–Okt. Di–So 11–18, Nov.–März Di–So 11–16 Uhr • Eintritt 5,50 €, Kinder frei
– E-Werk: Rebecca-Horn-Installation Mai–Nov. Sa, So 12–18 Uhr • Eintritt 1,50 €, Kinder 0,50 €, Eintritt frei mit einem Ticket für das Neue Museum
– Parkhöhle (▶ Sehenswertes, S. 72)

Pavillon-Presse 👫
▶ Klappe vorne, c 2

Das Haus zeigt historische Druckmaschinen, Handsetzkästen mit DDR-Typografien, alte Druckpressen.
Altstadt • Scherfgasse 5 • Bus: Goetheplatz • www.pavillon-presse.de • Mo 10–17, Fr 9–16 Uhr sowie nach Absprache • Eintritt 3 €, Kinder 1 €

> **WUSSTEN SIE, DASS …**
>
> … im Stadtteil Ehringsdorf eine steinzeitliche Fundstätte liegt? Dort wurden Anfang des 20. Jh. sieben Menschenskelette geborgen, die heute im Museum für Ur- und Frühgeschichte zu bewundern sind.

Der Übergang vom Jugendstil zum Bauhaus lässt sich exemplarisch im Haus Hohe Pappeln (▶ S. 80), dem ehemaligen Wohnhaus von Henry van de Velde, studieren.

Im Wittumspalais (▶ S. 83) trafen sich die Großen des Klassizismus zur »Tafelrunde«. Und wer den Audioguide entleiht, kann sogar Kompositionen der Herzogin lauschen.

Puppenstubenmuseum

▶ Klappe vorne, c 2

Niedliche Sammlung historischer Puppen und Puppenstuben, untergebracht im Palais Schardt.
Altstadt • Scherfgasse 3 • Bus: Goetheplatz • www.goethepavillon.de • März–Okt. Di, Do–Sa 13–16, Nov., Dez. Di, Fr, Sa 13–16, Jan., Feb. Fr, Sa 13–16 Uhr • Eintritt 3 €, Kinder 0,50 €

Schillers Wohnhaus

▶ Klappe vorne, c 4

Hier saß der Dichter über »Wilhelm Tell« und »Die Braut von Messina« – in einem Mansardenzimmer. 1802 erwarb Schiller dieses Haus und kam durch die Schulden in Geldnot. Der Audioguide lohnt sich! Leicht übersieht der Besucher witzige Kleinigkeiten, etwa die Rezepte für Gußhippen von Schillers Mutter. Oder die Haushaltsaufstellung mit den beachtlichen Mengen Wein sowie Papierbälle und ausgeschnittene Figuren von Schillers Kindern. Besonders atmosphärisch ist das Schreibzimmer mit den grün gemusterten Tapeten und den knarzenden Holzdielen.
Altstadt • Schillerstr. 12 • Bus: Wielandplatz • www.klassik-stiftung.de • Nov.–April Di–So 9–16, Mai–Okt. Di–Fr, So 9–18, Sa 9–19, Okt. Di–So 9–18 Uhr, Sa 14 Uhr Kinderführung • Eintritt 5 €, Kinder frei

Schirmmuseum ▶ Klappe vorne, c 3

Spitzenbesetzte Sonnenschirme und faltbare Knirpse – das Minimuseum zeigt Schirmmodelle nicht nur aus der Zeit Johann Wolfgang Goethes.
Altstadt • Rittergasse 19 • Bus: Goetheplatz • Mo–Fr 9–18, Sa 10–14 Uhr • Eintritt frei

Stadtmuseum

▶ Klappe vorne, b 1

Das Bertuchhaus gilt mit seiner kühlblau gehaltenen Eingangshalle vielen als schönstes klassizistisches Haus der

Stadt. Geschichtsinteressierte informieren sich über die Nationalversammlung 1919 und die Gründung der Weimarer Republik. Große Kollektion zur Geschichte der Mode.
Altstadt • Karl-Liebknecht-Str. 5–9 • Bus: Goetheplatz • www.stadtmuseum.weimar.de • Di–So 10–17 Uhr • Eintritt 3 €, Kinder frei

Stadtschloss
▶ Klappe vorne, d 3–e 3

Im Stadtschloss (▶ Sehenswertes, S. 75) befindet sich ein Kunstmuseum mit einer eigenen Cranach-Galerie. Außerdem sind Werke von Caspar David Friedrich, Auguste Rodin, Johann Heinrich Wilhelm Tischbein und Max Beckmann zu sehen.
Altstadt • Burgplatz • Bus: Wielandplatz • www.klassik-stiftung.de • April–Okt. Di–So 10–18, Nov.–März Di–So 10–16 Uhr • Eintritt 3 €, Kinder frei

Weimarhaus
▶ Klappe vorne, c 4

Eine Zeitreise durch Weimar – von der Frühgeschichte bis heute. Junges Erlebnismuseum mit Multimediashow, die inhaltlich jedoch oberflächlich bleibt. Für Kinder erst ab acht Jahren – wegen der Spezialeffekte.
Altstadt • Schillerstr. 16 • Bus: Wielandplatz • www.weimarhaus.de • April–Sept. tgl. 9.30–18.30, Okt.–März tgl. 9.30–17.30 Uhr • Eintritt 6,50 €, Kinder 4 €

Wittumspalais 6
▶ Klappe vorne, c 3

Witwenpalast von Anna Amalia, im Erdgeschoss nicht an der Sänfte vorbeieilen. In den oberen Räumen ist der Übergang im Baustil vom Rokoko zum Klassizismus sehenswert. Deckengemälde in den Privatgemächern verraten ihre künstlerische Begabung. Der Audioguide spielt ihre Vertonung des Goethe-Stücks »Erwin und Elmire«. Prunkvoller Festsaal.
Altstadt • Am Palais 3 • Bus: Goetheplatz • www.klassik-stiftung.de • April–Okt. Mi–Mo 10–18, Nov.–März Mi–Mo 10–16 Uhr • Eintritt 5 €, Kinder frei

GALERIEN

ACC
▶ Klappe vorne, d 3

Ganz junge und moderne Kunst ist in der Galerie zu sehen: Plastiken, Gemälde, Bildhauerei. Mit seinem Atelierprogramm ermöglicht das Haus Künstlern einen längeren Studienaufenthalt und zeigt deren Werke.
Altstadt • Burgplatz 1/2 • www.acc-weimar.de • Mo–So 12–18, Fr, Sa 12–20 Uhr • Eintritt 3 €

C. Keller & Galerie Markt 21 e. V.
▶ Klappe vorne, d 4

Präsentiert werden zeitgenössische Fotografien, Bilder, Skulpturen und Reiseskizzen. In der Bar abends Jazz und Kleinkunst. Hübsches Café.
Altstadt • Markt 21 • Bus: Wielandplatz • www.c-keller.de • tgl. 13–2 Uhr

Galerie Profil
▶ Klappe vorne, c 3

Plastiken, Skulpturen und Malereien mit Schwerpunkt auf Künstlern, die im Stil der »Weimarer Malerschule« und des Bauhauses arbeiten. Zeitgenössische Kunst.
Altstadt • Geleitstr. 8 • Bus: Goetheplatz • www.galerie-profil.de • Mi–Fr 12–18, Sa 10–16 Uhr

Malerie
▶ Klappe vorne, c 3

Drucke und Malerei im modernen Stil, viele kleine Formate, regelmäßige Veranstaltungen.
Altstadt • Geleitstr. 7 • Bus: Goetheplatz • Do, Fr 14–18, Sa 11–17 Uhr

Spaziergänge in Weimar
Mal führt der Weg zu den Spuren des Klassizismus, mal zu außergewöhnlicher Architektur oder einzigartigen Läden. Überall laden schöne Cafés zur Einkehr.

Durch Weimars Altstadt – Auf den Spuren von Goethe und Schiller

CHARAKTERISTIK: Bei diesem Spaziergang wandeln Besucher durchs Zentrum auf den Spuren der Dichter durch das klassizistische Weimar DAUER: 1 Std. (ohne Museumsbesuche) LÄNGE: 2,3 km EINKEHRTIPPS: Erbenhof, Brauhausgasse 10, Tel. 0 36 43/4 57 67 15, www.erbenhof.de, tgl. 11.30–23 Uhr €€ • Anno 1900, Geleitstr. 12a, Tel. 0 36 43/90 35 71, www.anno1900-weimar.de, Mo–Fr 12–24, Sa, So 9–24 Uhr €€ (▶ MERIAN-Tipp, S. 21)
KARTE ▶ Klappe vorne, f 6; S. 143, E 5

Die Route startet dort, wo auch Goethe sich in Weimar erstmals richtig niedergelassen hat – an seinem **Gartenhaus** im Ilmpark. In seinem »Gärtgen vor dem Tore« wohnte der Dichter von 1776 bis 1782. Hier festigte der zuvor mit den »Leiden des jungen Werther« berühmt gewordene Literat seine Beziehung zu den Größen der Stadt und auch seine politische Stellung. Ob als Geheimrat, als Leiter des Hoftheaters oder der Zeichenschule – wenn Goethe Inspiration suchte, fand er sie im Gartenhaus. Hier ließ er sich eine große Terrasse auf einen Holzanbau setzen, auf der er sogar übernachtete, um in die Sterne zu schauen. Heute ist dieser Anbau längst abgerissen. Geblieben ist Goethes Garten mit seiner Blütenpracht und Weite. Wer sich daran sattgesehen hat, verlässt das Grundstück durch das weiße klassizistische Tor und spaziert durch den **Ilmpark** in die Stadt.

Goethes Gartenhaus ▶ Erbenhof
Ein Kiesweg geleitet vom Corona-Schroter-Weg in Richtung Parkhöhle. Rund um die Höhle finden sich zahlreiche kleine Grotten und Felsnischen – sowie ein Stollensystem: Die **Parkhöhle** liegt 12 m unter der Erde und beherbergt ein eigenes Museum. Unser Spaziergang führt oberirdisch weiter und biegt rechts ab in Richtung Platz der Demokratie. Bald ist das Klappern der Hufe auf dem Kopfsteinpflaster der Straße Ackerwand zu hören. Dort blicken Sie auf ein lang gezogenes Haus mit einer rosafarbenen Fassade und einer Reihe großer Buchskugeln davor – das **Wohnhaus der Charlotte von Stein**. Die ehemalige Hofdame von Herzogin Anna Amalia hat Goethe regelmäßig zu Besuchen empfangen. Gehen Sie jetzt wie Goethe einst links weiter in Richtung Frauenplan zum heutigen **Goethe-Nationalmuseum** 🟊. Es war des Dichters längster Wohnsitz und lag nicht nur zentraler als das Gartenhaus, sondern war auch derart riesig, dass es mit seiner langen Fassade und den vielen Fenstern an eine Schule erinnert. Neben dem Wohnhaus befindet sich Goethes Stammrestaurant **Zum weißen Schwan**, an dessen Westfassade eine Kanonenkugel aus der Zeit der Belagerung durch Napoleon eingemauert ist.

Auf der gegenüberliegenden Seite des Platzes führt der Weg durch eine Einfahrt hinein in den **Erbenhof** – ein versteckter Innenhof mit zwei Cafés

◀ Schillers Wohnhaus (▶ S. 82). Der Dichter erwarb das Anwesen 1802 und lebte dort bis zu seinem Tod 1805.

(Divan und Erbenhof), der zum Ausspannen bei einem Cappuccino oder einem Tee einlädt, bevor es weitergeht zu **Schillers Wohnhaus**.
Schillers Wohnhaus ▶ Palais Schardt
Von Schillers Wohnhaus führt der Weg geradeaus zum Nationaltheater. Der **Mineralienladen** (Schillerstr. 18) lockt zu einem kurzen Stopp. Dort hätte Goethe seine wahre Freude an der großen Auswahl von Fossilien, Edelsteinen und Saatskurrilitäten gehabt. Weiter geht's zum **Theaterplatz** mit seinem berühmten Goethe- und Schillerdenkmal. Hier ist noch die geschichtsträchtige Atmosphäre spürbar. Im Theater wurde »Wallenstein« im Jahr 1798 uraufgeführt und 1919 die Weimarer Republik gegründet.
Jetzt ist es nur ein Katzensprung links durch die Wielandstraße zu einem der schönsten Cafés der Stadt. Der Weg führt Sie direkt zum **Anno 1900**. Genießen Sie die romantische Wintergartenatmosphäre bei Kaffee und Kuchen, bevor Sie den Spaziergang durch die Geleitstraße fortsetzen. Nach etwa einer Minute sehen Sie das Restaurant Johanns Hof, dort biegen Sie links ab in die Scherfgasse. An der imposanten Fachwerkfassade des Schwarzbierhauses vorbei folgen Sie dem Weg geradeaus bis zum **Palais Schardt**, dem Elternhaus der Charlotte von Stein. Im Gartenpavillon haben sich Goethe und Charlotte von Stein kennengelernt. Romantisch ist dieses Plätzchen bis heute mit seinen überbordenden Rokoko-Stuckdecken und dem Duftgarten draußen, wo Stockrosenblüten rosa leuchten. Bei einem Rundgang durch Garten und Pavillon mit dem Puppenstubenmuseum können Sie den Spaziergang ganz im Sinne der Goethezeit ausklingen lassen.

Südstadt – Architektonische Höhepunkte zwischen Jugendstil und Bauhauskultur

CHARAKTERISTIK: In der Südstadt sind zahlreiche Highlights zu entdecken – doch nur wenige Besucher verschlägt es hierher jenseits des Zentrums. Der Stadtteil liegt auf einem Hügel. Der Spaziergang beginnt am höchsten Punkt, danach geht es immer bergab **DAUER:** 1 Std. **LÄNGE:** 2,5 km **EINKEHRTIPP:** Felsenkeller, Humboldtstr. 37, Tel. 0 36 43/41 47 41, www.felsenkellerweimar.de, Di–Sa 11–24, So 11–22 Uhr €€ (▶ S. 27)
KARTE ▶ S. 142, A 6

Nehmen Sie den Bus Linie 2 und fahren Sie bis zur Station Gutenbergstraße. Von der Haltestelle aus gehen Sie einige Schritte zurück und biegen links in die Zöllnerstraße ein, dann rechts in die Cranachstraße. Schauen Sie sich nun das Haus Nr. 47 genauer an. Der berühmte belgische Architekt und Bauhausvater Henry van de Velde entwarf 1913 das **Palais** für die Familie des Grafen Dürckheim. Besonders am Eingang zeigt sich, wie die klaren Linien des Bauhaus auf die Verspieltheit des Jugendstils treffen. Übrigens hat das Haus eine wechselhafte Geschichte hinter sich. Zu DDR-Zeiten war es Stasi-Hauptquartier. Von hier aus gelangen Sie

Modernes Kontrastprogramm in Weimar: Im Neubau der Bauhaus-Universität (▶ S. 65) mit seiner markanten Stuhl-Skulptur befindet sich das Medienzentrum.

rechts in die Richard-Wagner-Straße, dann links in die Gutenbergstraße. Fast am Ende steht das Haus mit der Nr. 1 a. Das **Haus Henneberg** ist in den Jahren 1913 und 1914 entstanden und gilt mit seinem klaren und doch geschwungenen Stil als Vorreiter der Postmoderne.

Haus Henneberg ▶ Bauhaus-Universität

Weiter geht es links in die von vielen Villen aus der Jugendstilzeit gesäumte Humboldtstraße. Hier lädt die **Felsenkeller-Brauerei** zu einer Einkehr bei Frischgebrauten oder Braten mit Schwarzbiersauce ein. Der Weg führt bergab, bis zum **Museum für Ur- und Frühgeschichte**. Rechts neben dem Museum durchqueren Sie einen kleinen Park und landen auf der breiten Amalienstraße. Sie halten sich nun rechts und dann gleich links zur Geschwister-Scholl-Straße, dem Herz der **Bauhaus-Universität** 1. Das lachsfarbene Hauptgebäude gehört zu den bedeutendsten Hochschulbauten der Jahrhundertwende. 1911 nach Plänen van de Veldes errichtet, gründete sich an dieser Stelle 1919 das Bauhaus.

Paul Klee, Walter Gropius und Wassily Kandinsky wirkten hier. Im Innern lohnt ein Blick in das Gropius-Zimmer (Besichtigung nach Voranmeldung) und die Eingangshalle. Gegenüber liegt übrigens der Kleine Van-de-Velde-Bau mit den Wandmalereien von Oskar Schlemmer.
Nach knapp 300 m biegt man links ab und läuft ein kurzes Stück auf der Marienstraße bis zum Wielandplatz. Am Eingang zur Steubenstraße findet sich auf der rechten Seite ein Innenhof. Dort biegen Sie ein auf einen Platz und sehen einen überdimensionalen Holzstuhl vor einer gläsernen Fassade. Hinter den Glasscheiben befindet sich das Medienzentrum der Uni, im rechten Winkel erstreckt sich der Neubau der Bibliothek.

Theaterplatz ▶ Bücherkubus

Überqueren Sie den Platz und wenden Sie sich am großen Stuhl nach links ab in die Schützengasse. Rechts halten, dann führt die Schützengasse zum Theaterplatz, an dem auch das rosafarbene **Bauhaus-Museum** liegt. Die Ausstellung besteht nur aus einem Raum, gibt aber einen guten Überblick. Vom Museum gehen Sie zum benachbarten **Wittumspalais** 6.
Beim Durchqueren des malerischen Zeughofs hören Sie mit etwas Glück Chorproben von Studenten der Musikhochschule. An der Crêperie du Palais biegen Sie rechts in die Windischenstraße ein. Weiter bis zum Markt, dann geradeaus in die Kollegiengasse. Dort sehen Sie einen kleinen Eingang zu einem Innenhof. An der Stirnseite des Hofes befindet sich die moderne Erweiterung der Anna Amalia Bibliothek: Im **Bücherkubus** vereinen sich Weimars berühmteste Seiten – Schriften und Architektur. Bei schönem Wetter können Sie nun draußen einen Kaffee zu Mensapreisen genießen.

Idyllischer kann man kaum sitzen: Vor der Crêperie du Palais (▶ S. 18) klappern Pferdekutschen entlang – und in der Nachbarschaft erklingen die Chöre der Musikstudenten.

Östliches Zentrum – Genießertour und Stöbern in ungewöhnlichem Design

CHARAKTERISTIK: Zwischen Windischenstraße und Herderplatz locken viele außergewöhnliche Cafés und Geschäfte **DAUER:** 0,5 Std. **LÄNGE:** 1 km **EINKEHRTIPPS:** Residenz-Café, Grüner Markt 4, Tel. 0 36 43/5 94 08, www.residenz-cafe.de,  tgl. 8–1 Uhr €€ (▸ S. 21) • Crêperie du Palais, Am Palais 1, Tel. 0 36 43/40 15 81, www.creperie-weimar.de, tgl. 10–24 Uhr € (▸ S. 18)
KARTE ▸ Klappe vorne, c 3; S. 140, c 3–4

Starten Sie die Genießertour mit einem Cappuccino im **Residenz-Café**, dem berühmtesten und ältesten Kaffeehaus der Stadt. Hier hat schon die junge Musikschülerin Marlene Dietrich ihr letztes Geld zusammengekratzt, um sich ein Eis im »Resi«, wie das Café liebevoll von den Einheimischen genannt wird, zu gönnen.

Marktplatz ▸ Kaufstraße

Schlendern Sie zum Marktplatz. Vor dem Eiscafé Venezia gibt es die leckerste Thüringer Bratwurst der Stadt. Gegenüber beginnt die Shoppingzone. Rund um die Windischenstraße haben sich viele kleine Geschäfte angesiedelt, etwa die **Ludoteca**, ein ganz besonderer Spielzeugladen. Dort sitzt Ariane Schreiter hinter dem Ladentisch und faltet kleine Origami-Kunstwerke. In Nr. 29 arbeitet Keramikkünstlerin Ute Rabe selbst an der Drehscheibe und fertigt Vasen oder Tassen. Und aus Nr. 13 duftet es verführerisch nach handgemachter Seife. Bevor Sie in die Markstraße einbiegen, lohnt sich eine Einkehr, beide Lokale an der Ecke zum **Zeughof** bieten gute Gerichte. Wie wäre es mit französischen Buchweizencrêpes in der Crêperie de Palais?

Anschließend führt der Shoppingbummel weiter in die **Marktstraße**. In Nr. 19 beugt sich Goldschmiedin Vivien Sänger über eine Perlenkette. Nr. 15: Kunsthandwerk aus Weimar. Am Ende mündet die Marktstraße in die **Kaufstraße**, die ihren Namen zu Recht trägt. Modedesignerin Clara Apfelkern fertigt dramatisch-schöne Gewänder an, schräg gegenüber finden nicht nur Männer ein Paradies: Der Laden Planquadrat überrascht mit seiner riesigen Messerauswahl.

Herderplatz ▸ Graben

Angekommen am Herderplatz können Kaffeefreunde einen Stopp in der **Kaffee-Rösterei** einlegen. Überqueren Sie den Herderplatz und biegen in die Straße Eisfeld ein – hier bereichern kleine Galerien mit moderner Malerei oder Skulpturen das Straßenbild. Außergewöhnlich ist auch der Taschenladen **TWH** in der Geleitstr. 15, dessen Modelle schon Preise bekommen haben. Weiter geht es quer über den Goetheplatz zum Graben. In Haus Nr. 29 finden Sie **Schauschau** – Möbel und junge Mode von einheimischen Designern. Wenn Sie nach so viel Kreativität Lust bekommen haben, selbst tätig zu werden, gehen Sie zum Graben 1. Dort lockt **White Pearl** mit einem großen Sortiment an Perlen – auffädeln können Sie Ihre Kette selbst direkt im Laden. Das macht nicht nur den Großen Spaß, auch Kinder nehmen so ihr ganz persönliches Weimar-Souvenir mit nach Hause.

Sehenswertes in Erfurt Mit ihren
mittelalterlichen Fachwerkhäusern und den schönen
Patrizierfassaden verströmt die Altstadt ein besonderes Flair – und bietet viele historische Superlative auf.

◂ Die Ägidienkirche (▸ S. 91) ist nicht nur ein Gotteshaus, sondern bildet auch das Eingangstor zur Krämerbrücke.

Erfurts Altstadt steckt voller Kleinode. Da bildet das einzige Kloster, das die Säkularisierung überlebt hat, mit seiner kleinen Kirche eine ruhige Oase mitten am quirligen Einkaufszentrum Anger. Wenige Schritte weiter tummeln sich Erfurter und Touristen auf der Krämerbrücke, mit den Fachwerkaufbauten ein einmaliger Bau. Diese Brücke ist ein ganz eigener Kosmos niedlicher Geschäfte mit einer erlesenen Auswahl von Waren.

Kirchen und Klöster

Am meisten aber überrascht Erfurt mit seinen kirchlichen Schätzen. In der Stadt an der Gera hängt die größte frei schwingende Glocke der Welt, und hier findet sich die älteste komplett erhaltene Synagoge Europas. Die Glasfenster des Augustinerklosters nahm Martin Luther als Vorlage für sein Signet der Lutherrose. Noch heute wandeln viele auf den Spuren des Reformators. Pilger steuern das Augustinerkloster an oder gelangen über die »Via Regia«, der historischen königlichen Fernhandelsstraße, auf dem neuen »Ökumenischen Pilgerweg« nach Erfurt. Sie kommen aber auch, weil die Landeshauptstadt eine solche Vielfalt wichtiger Sakralbauten hat. Allen voran der Dom, aber auch die Predigerkirche, in der schon Meister Eckhart wirkte. Wer durch Erfurt schlendert, findet überall Spuren großer Persönlichkeiten.

Am besten beginnt man mit einer Stadtführung. Sie ist übrigens in der ErfurtCard (▸ S. 132) enthalten, die Besuchern auch für 48 Stunden freie Fahrt mit Bus und Tram ermöglicht.

SEHENSWERTES
Ägidienkirche ▸ Klappe hinten, d 3
Diese evangelische Kirche gehört zu den Wahrzeichen Erfurts. Schon von Weitem sichtbar markiert sie den Zugang vom Wenigemarkt zur Krämerbrücke – jeder, der von hier auf die Brücke will, muss ihr Tor passieren, das Kirche und Turm verbindet. Die Ursprünge der Ägidienkirche reichen zurück ins Mittelalter. Seitdem ist sie zweimal einem Brand zum Opfer gefallen und wieder aufgebaut worden. 1293 und 1472 zerstörten die Flammen den Bau. In ihrer wechselvollen Geschichte wurde die Kirche nicht nur als Lagerhaus, sondern sogar als Wohnraum genutzt. Ihre Glocke ist die zweitälteste Kirchenglocke in Erfurt, wegen eines Sprungs bleibt sie stumm und weilt heute im Museum der »Glockenstadt« Apolda. Besonders lohnenswert ist ein Besuch auf dem **Roten Turm**, der Aufstieg über die schmalen Holzstiegen ist ein Erlebnis und wird mit einem herrlichen Panoramablick belohnt.
Altstadt • Wenigemarkt 4 • Tram: Fischmarkt/Rathaus • www.atlas.emk. de • Turm Di–So 11–17 Uhr • Eintritt 1,50 €, Kinder 0,50 € als Spende

WUSSTEN SIE, DASS ...
... die Erfurter im Volksmund auch »Puffbohnen« genannt werden? Die Bohne hat in der Gartenstadt eine lange Tradition. Heute gibt es sie sogar als plüschiges Souvenir.

Allerheiligenkirche
▸ Klappe hinten, c 3
Zwischen Fischmarkt und Domplatz liegt die gotische Allerheiligenkirche. Ihre Besonderheit ist schon auf den

ersten Blick erkennbar: Bügeleisenförmig passt sich der Grundriss der Kirche der Straßenführung an. Das Kirchenschiff ist zweigeteilt, auf der einen Seite liegt jetzt ein Kolumbarium, eine Aufbewahrungsstätte für Urnen. Die Gottesdienste werden im benachbarten südlichen Gottesraum abgehalten, sehenswert ist dort vor allem der Barockaltar.
Altstadt • Allerheiligenstraße • Tram: Fischmarkt/Rathaus • www.dom-erfurt.de • Mo–So 10–18 Uhr

Alte Synagoge 7
▶ Klappe hinten, c 3

Sie ist die älteste noch erhaltene Synagoge Europas. Heute ist dort ein Museum untergebracht (▶ S. 103).
Altstadt • Waagegasse 8 • Tram: Fischmarkt/Rathaus • www.alte-synagoge.erfurt.de • Di–So 10–18 Uhr • Eintritt 5 €, Kinder 3 €

Andreasviertel ▶ Klappe hinten, b 2
Nördlich des Domplatzes beginnt das Andreasviertel, benannt nach der gleichnamigen Kirche. Dass dort heute so viele alte Fachwerkhäuser frisch saniert erstrahlen, ist eher dem Glück zu verdanken, eigentlich sollte das Quartier mit den ärmlichen Handwerkerhäusern aus dem Mittelalter abgerissen werden. Dafür deckte man zu DDR-Zeiten sogar die Dächer ab, um den Verfall zu beschleunigen. So waren nach der Wiedervereinigung viele Häuser nicht mehr zu retten – dort fügen sich jetzt moderne Bauten in das Straßenbild ein. Auffällig ist auch der einzeln stehende Georgenkirchturm. Die dazugehörige Kirche ist im Dreißigjährigen Krieg zerstört worden. Schönste Straße ist die Glockenquergasse, dort findet sich auch ein schöner Kinderspielplatz.
Andreasviertel • Tram: Webergasse, Andreaskirche

Anger ▶ Klappe hinten, d 5–f 4
Der Anger ist Erfurts traditionsreicher Handelsplatz. Er wurde bereits im Jahr 1196 erwähnt. Doch große Bedeutung gelangte er erst vom 14. bis zum 17. Jh., als im Mittelalter das begehrte Blaufärbemittel Waid auf dem Anger umgeschlagen wurde. Hier spielte sich Geschichtsträchtiges ab: So diente der Renaissancebau »Schwarzer Löwe« während des Dreißigjährigen Krieges als schwedische Statthalterei. Später, im Jahr 1808, wohnte während des Fürstenkongresses der russische Zar Alexander I. im Anger 6, gleich neben dem heutigen Ursulinenkloster. Goethe, Schiller und Humboldt gingen im Haus Dacheröden ein und aus. Auch Otto von Bismarck weilte in Erfurt: An der Fassade des Bismarckhauses auf Nr. 33 erinnert noch dieser Spruch an den ehemaligen Reichskanzler: »In Erfurt habe ich mir meine diplomatischen Sporen verdient.«
Altstadt • Anger • Tram: Anger

WUSSTEN SIE, DASS …

… Erfurt im 15. Jh. zu den reichsten Städten Mitteleuropas gehörte? Der Grund dafür waren Handel und Anbau von Waid, einer Pflanze, die blauen Farbstoff lieferte.

Augustinerkloster 8
▶ Klappe hinten, d 1–2

Hier wohnte einst Martin Luther: Zunächst studierte er im Kloster, 1507 ließ er sich zum Priester weihen. Das Kloster wurde 1525 reformiert und evangelisch. Insgesamt ist die Anlage ein beeindruckendes Zeugnis der Bauweise der Augustiner-Eremiten, etwa mit der **Augustinerkirche** aus dem endenden 13. Jh. Ihre Glasfenster haben schon Martin Luther fasziniert und für sein Siegel mit der Rose inspiriert. Bis 2013 werden die Fenster restauriert – bis dahin sind Banner als Duplikate aufgehängt. Neben der Kirche ist im Kloster vor allem der Kapitelsaal im Ostflügel mit seinen Kreuzgängen und der Ziegelbepflasterung eine Besichtigung wert.

Die **Bibliothek** aus dem 17. Jh. gehört zu den wichtigsten in Deutschland, hier lagern viele Reformationsschriften. Das Kloster kann nur mit einer Führung besucht werden. Es ist heute vor allem Tagungs- und Veranstaltungsort, auch Theaterstücke werden dort aufgeführt. Die Ausstellung »Bibel-Kloster-Luther« erinnert an den weltberühmten Augustinermönch, auch die enge und nahezu leere »Lutherzelle« ist zu besichtigen. Keinerlei persönlicher Besitz, noch nicht einmal eigene Kleidung, durfte den Weg zu Gott behindern.

Altstadt • Augustinerstr. 10 • Tram: Augustinerkloster • www.augustiner kloster.de • Eintritt 5 €, Kinder 3,50 €

Barfüßerkirche

▶ Klappe hinten, d 5

Die Ruine dieses einst prächtigen mittelalterlichen Baus erinnert an einen verheerenden Bombenangriff im Zweiten Weltkrieg. Das Langhaus des von den Franziskanern im 14. und 15. Jh. errichteten Gotteshauses wurde zerstört, lediglich die wertvollen Fenster als dem 13. Jh. sowie der hölzerne Flügelaltar konnten für die Nachwelt gesichert werden.

Heute befindet sich dort eine Außenstelle des **Angermuseums** mit mittelalterlicher Sakralkunst wie gotischer Glasmalerei, zwei Altären und der Grabplatte der Cinna von Vargula aus dem 14. Jh. Während der Sommermonate wird die Ruine zur Bühne für Theateraufführungen.

Altstadt • Barfüßerstr. 20 • Tram: Anger • www.barfuesserkirche.de • Museum 19. April–31. Okt. Di–So 10–18 Uhr • Eintritt 3 €, Kinder 2 €

Wegzeiten (in Minuten) zwischen wichtigen Sehenswürdigkeiten
*mit öffentlichen Verkehrsmitteln

	Angermuseum	Alte Synagoge	Augustinerkloster	egapark	Mariendom	Mus. für Thür. Volkskunde	Naturkundemuseum	Neue Mühle	Petersberg	Stadtmuseum
Angermuseum	–	8	8	15*	12	7	11	6	15	4
Alte Synagoge	8	–	8	15*	5	11	3	4	7	7
Augustinerkloster	8	8	–	20*	13	5	11	10	15	5
egapark	15*	15*	20*	–	12*	20*	14*	15*	12*	20*
Mariendom	12	5	13	12*	–	13	3	7	3	10
Museum für Thüringer Volkskunde	7	11	5	20*	13	–	13	10	15	4
Naturkundemuseum	11	3	11	14*	3	13	–	5	5	9
Neue Mühle	6	4	10	15*	7	10	5	–	9	7
Petersberg	15	7	15	12*	3	15	5	9	–	12
Stadtmuseum	4	7	5	20*	10	4	9	7	12	–

Bibliotheca Amploniana
▶ S. 144, nordwestl. A 1

Etwas versteckt in der Universität liegt eine der bedeutendsten mittelalterlichen Handschriftensammlungen der Welt. Die Bibliotheca Amploniana hat 979 Kunstwerke mit handgemalten Schmuckinitialen, Titeleinfassungen und Druckermarken gesammelt. Unter den Zeugnissen der Schreibkunst entdecken Forscher und Studenten immer wieder neue Schriften.
Andreasvorstadt • Nordhäuser Str. 63 • Tram: Universität • www.uni-erfurt.de/amploniana • Mo–Fr 9–17 Uhr • Eintritt frei

egapark ▶ S. 111

Erfurt ist die Stadt der Gärten und eines der Zentren der Gartenkunst in Deutschland. Entstanden ist der Park 1961 zur Internationalen Gartenausstellung der sozialistischen Länder. Heute gilt die 65 ha große Fläche als eine der besterhaltenen Parkanlagen aus den Sechzigerjahren. Hier blüht nicht nur das größte mit Ornamenten besetze Blumenbeet Europas, es findet sich auch der größte Kinderspielplatz Thüringens mit Matschzone, Kletterpyramiden und Wasserrutsche. Wer die Weitläufigkeit des Parks nicht zu Fuß schafft, setzt sich einfach in den egapark-Express.

WUSSTEN SIE, DASS …

… in Erfurt mit Kakteen Haage der älteste Kakteenzüchter der Welt sitzt? Im egapark ist sogar eine nach ihm benannte Sorte zu sehen, der Haageocereus. In den Gewächshäusern der Gärtnerei (Blumenstr. 68) können Gäste im Sommer auch ein Menü aus Kakteen degustieren (www.kakteen-haage.de).

Brühlervorstadt • Gothaer Str. 38 • Tram: ega • www.egapark-erfurt.de • März, April, 16. Sept.–Okt. tgl. 9–18, Mai–15. Sept. tgl. 9–20, Nov.–Feb. tgl. 10–16 Uhr • Eintritt frei, keine Hunde

Erinnerungsort Topf & Söhne
▶ S. 147, östl. F 6

Die Technik für die Gaskammern der Konzentrationslager der Nationalsozialisten kam aus Erfurt. Die Firma Topf & Söhne stellte Verbrennungsöfen für die Krematorien sowie die Technik für die Gaskammern her. Heute ist das Gelände ein Gedenkort mit Installationen am Außengelände und mit der Ausstellung »Techniker der ‚Endlösung'. Topf & Söhne – Die Ofenbauer von Auschwitz«.
Daberstedt • Sorbenweg 7 • Tram: Geraer Straße • www.topfundsoehne.de • Di–So 10–18 Uhr • Eintritt frei

Hauptpost ▶ Klappe hinten, e 4

Mit dem Turm und seiner der Gotik nachempfundenen Backsteinfassade gehört die Hauptpost zu den Sehenswürdigkeiten des Platzes Anger. Der Bau wurde im Jahr 1882 begonnen. Kurz zuvor war Erfurts Postwesen in die Hände des preußischen Staates gefallen und musste plötzlich ein viermal so großes Gebiet abdecken. Dafür brauchte man ein neues Haus – so entstand dieser Prachtbau am Anger. Bis heute können dort Briefe und Pakete verschickt werden.
Altstadt • Anger • Tram: Anger

Kaisersaal ▶ Klappe hinten, e 3

Eigentlich als Universitätsballhaus gedacht, ist der Kaisersaal heute Veranstaltungszentrum der Stadt. Hier trifft man sich, wenn es nobel zugehen soll. So fanden sich neben Johann Wolfgang von Goethe, Fried-

rich Schiller, Niccolo Paganini, Clara Schumann oder Franz Liszt auch Napoleon I. und Zar Alexander hier 1808 zum Fürstenkongress ein. Das Herzstück des Hauses mit der klassizistischen Fassade ist der zweigeschossige Saal mit seiner prächtigen Decke und den verzierten Rängen.
Altstadt • Futterstr. 15/16 • Tram: Futterstraße • Besichtigung nur im Rahmen von Veranstaltungen

Kaufmannskirche
▸ Klappe hinten, e 3

In der Kaufmannskirche wurden die Eltern von Johann Sebastian Bach getraut, der Komponist hielt sich selbst auch gern in der Kirche auf. Heute ist sie vor allem wegen ihrer beiden Türme mit den unterschiedlichen Spitzen bekannt.
Altstadt • Anger • Tram: Anger • 21. März–10. Nov. Mo–Sa 11–17 Uhr

Krämerbrücke 9
▸ Klappe hinten, d 3

Sie ist die längste durchgehend mit Häusern bebaute Brücke Europas und Wahrzeichen Erfurts. Ursprünglich war sie eine Holzkonstruktion, auf der Händler ihre Stände hatten. Mehrfach von Bränden heimgesucht, errichtete die Stadt 1325 eine steinerne Brücke über die Gera mit Fachwerkhäusern darauf. Flankiert wurde die Brücke einst von zwei Kirchen, von denen aber nur die Ägidienkirche geblieben ist. Immer wieder kam es zu Bränden, die Zahl der Häuser verringerte sich von einst 62 auf heute 32. Die Krämerbrücke ist ein wichtiges Zentrum der Stadt und lockt viele Besucher mit ihren außergewöhnlichen Lädchen und Galerien an.
Altstadt • Krämerbrücke • Tram: Fischmarkt/Rathaus

Kulturhof Krönbacken
▸ Klappe hinten, c 2

Das spitzbogenförmige Hoftor macht neugierig. Eintreten lohnt sich, denn im Innenbereich befindet sich der Kulturhof Krönbacken. Einst charakterisiert vom Waidhandel, ist der große Waidspeicher heute zur Bühne für moderne Ausstellungen, Theaterstücke, Kino und Kabarett geworden.
Altstadt • Michaelisstr. 10 • Tram: Fischmarkt/Rathaus • Tel. 03 61/ 6 55 19 60 • www.kroenbacken.de • Di–So 11–18 Uhr

Mariendom 10 ▸ Klappe hinten, b 4

Der Mariendom ist wichtigster und ältester Sakralbau der Stadt. Bereits 724 soll an dieser Stelle eine Kirche als Bischofssitz gestanden haben. Im Jahr 1154 begann der Bau der romanischen Basilika. Wichtigstes Zeugnis jener Zeit sind der Bronzeleuchter »Wolfram« als ältestes frei stehendes Gusswerk Deutschlands sowie die Stuckmadonna als Teil des Altaraufsatzes. Errichtet im Stil der Romanik wurden Chor und Langhaus bei Umbauten und Erweiterungen im Stil der Spätgotik erneuert. Links vom Hauptschiff sind Kirchenschätze zu sehen, etwa die Reliquien des hl. Bonifatius und ein gotisches Kästchen mit Reliquien der hl. Elisabeth von Thüringen, übrigens Patronin des Bistums. Zu den Höhepunkten einer Dombesichtigung zählen die Glasfenster.

WUSSTEN SIE, DASS ...

... im Erfurter Dom die größte frei schwingende Glocke der Welt hängt? Die »Maria Gloriosa« klingt 6 Min. lang und wird nur zu wenigen Gelegenheiten geläutet, etwa zu Neujahr oder zum Martinstag.

Der Gemäldezyklus aus dem 13. Jh. gehört zu den größten seiner Art und ist am wunderbarsten, wenn ihn die Morgensonne zum Leuchten bringt. Ebenfalls bemerkenswert ist der barocke Hochaltar mit Motiven der Anbetung der Heiligen Drei Könige sowie der Cranach-Altar.

Nach der Wiedervereinigung gründete sich das neue katholische Bistum Erfurt und erhob den Dom zur Kathedrale. Merkwürdiges Detail am Domportal: Der Knauf ist als Löwe gestaltet, der einen Totenkopf verspeist. Zeitgleich mit dem Dom entstand nebenan im Kloster, das die St.-Severi-Kirche gegenüber einrichtete. Beide Gebäude bilden heute ein beeindruckendes Ensemble – vor allem vom Fuß der Domstufen aus. Dann sehen Besucher den Unterbau des Doms, die rund 12 m hohen Kavaten. Sie tragen das östliche Kirchenschiff und sind eine einzigartige Architekturleistung jener Epoche.

Altstadt • Domstufen 1 • Tram: Domplatz • www.dom-erfurt.de • Mai–Okt. Mo–Sa 9–18, So 13–18, Nov.–April Mo–Sa 10–17, So 13–17 Uhr • Eintritt frei

Michaeliskirche ▶ Klappe hinten, c 3
Die evangelische Kirche hatte ihre Blütezeit als Universitätskirche von 1392 bis 1816, als die Universität direkt gegenüber lag. Später wurde der spätromanische Bau zur Gemeindekirche. In dem Gotteshaus hängt die älteste Glocke Erfurts (1380). Sehenswert ist auch der Friedhof mit seinen alten Grabmälern und der Kapelle.
Altstadt • Michaelisstr. 11 • Tram: Fischmarkt/Rathaus • www.erfurt-kirche.de • Mai–Sept. tgl. 10–18, Okt.–April tgl. 10–16 Uhr

Nikolaiturm mit Elisabethkapelle
▶ Klappe hinten, c 2–d 2
Neben dem Augustinerkloster ragt ein einsamer weißer Turm in die

Der grüne Stolz Erfurts ist der egapark (▶ S. 94), vor allem mit seinem Ornamentbeet, dem größten seiner Art in Europa. Aber auch der Spielplatz ist einen Abstecher wert.

Höhe: Die Kirche des Nikolaiturms fiel Mitte des 18. Jh. einem Brand zum Opfer und wurde abgerissen. Geblieben ist nur der Turm, in ihm befindet sich die Elisabethkapelle. Bemerkenswert sind dort vor allem die mittelalterlichen Wandmalereien – sie gehören zu den ältesten Thüringens.
Altstadt • Augustinerstr. 10 • Tram: Augustinerkloster • Besichtigung nur mit Führung April–Okt. Mo–Fr 16 Uhr

Predigerkirche
▸ Klappe hinten, c 4–d 4

Sie gehört zu den großen Schätzen der Erfurter Sakralbauten: Die evangelische Predigerkirche wird heute als Höhepunkt der Bettelordensarchitektur betrachtet. Dominikanermönche ließen sie als dreischiffige kreuzrippengewölbte Basilika im 13. Jh. erbauen. Die Lichtöffnungen im Deckengewölbe lassen den Innenraum nach oben aufstrebend und sehr klar und hell erscheinen. An der linken Seite der Kirche befindet sich eine besondere Tür. Sie ist eine Erinnerung an den Theologen Meister Eckhart, der hier im 14. Jh. im angeschlossenen Kloster lebte und in der Kirche seine Reden der Unterweisung hielt. Einen Blick wert sind neben dem Chorgestühl die Bruchsteinfenster sowie die Orgel, auf der schon Johann Pachelbel gespielt hat.
Altstadt • Predigerstr. 4 • Tram: Fischmarkt/Rathaus • www.predigerkirche.de • Mai–Sept. Di–Sa 11–16, So 12–16 Uhr

Rathaus mit Fischmarkt
▸ Klappe hinten, d 3

Im Stil der Neugotik erstrahlt das Erfurter Rathaus am Fischmarkt. Der Bau stammt aus dem Jahr 1869, als das Rathaus neu aufgebaut wurde. Das politische Zentrum der Stadt befindet sich schon seit dem 11. Jh. an diesem Platz. Bemerkenswert ist die von Granitsäulen flankierte Halle mit ihrer breiten Steintreppe. Im öffentlich zugänglichen Treppenhaus finden sich historische Gemälde von Eduard Kaempffer. Der untere Abschnitt zeigt Szenen aus dem »Tannhäuser« und dem »Faust«, weiter oben halten Gemälde Szenen von Luthers Aufenthalt in Erfurt fest. Rund um das Rathaus erstreckt sich der Fischmarkt, ein schöner Platz mit imposanten Patrizierhäusern aus der Renaissance.
Altstadt • Fischmarkt 1 • Tram: Fischmarkt/Rathaus • Mo, Di, Do 8–18, Fr 8–14, Sa, So 10–17 Uhr • Eintritt frei

Sankt-Severi-Kirche
▸ Klappe hinten, b 4

Mit ihren drei spitzen Türmen bildet die gotische Kirche einen schlanken Kontrast zum mächtigen Dombau gegenüber. Sie wurde im 13. Jh. geweiht und nach dem großen Brand 1472 umfassend erneuert. Heute beeindruckt sie vor allem mit ihrem riesigen Walmdach. Sie ist eine der wenigen fünfschiffigen gotischen Hallenkirchen in Deutschland. Neben dem hellen hohen Raumeindruck im Inneren sind insbesondere die Steinmetzarbeiten am Severi-Sarkophag sehenswert – sie gehören zu den großen Zeugnissen deutscher Plastik des 14. Jh. Nicht versäumen sollte man auch den Taufstein. In den Kirchtürmen hängen Glocken aus dem 15. Jh. – geschaffen von Gerhard van Wou, dem Gießer der berühmten Maria-Gloriosa-Glocke im Mariendom.
Altstadt • Domstufen 1 • Tram: Domplatz • Mai–Okt. Mo–Sa 9.30–18, So 13–18, Nov.–April Mo–Sa 10–17, So 13–17 Uhr • Eintritt frei

Steigerwald ▶ S. 146, südl. B 8

Die Erfurter nennen ihn nur kurz »Steiger« – das Mittelgebirge ist ihr Naherholungsgebiet und Ausflugsziel. Er ist immerhin 700 ha groß und wird von 36 Wanderwegen durchzogen, darunter auch einer für Menschen mit Behinderungen. Dieser beginnt am Ostrand des Erfurter Steigerwaldes, nahe der Gaststätte Waldkasino, und verläuft über etwa 1,4 km. Nicht bewegungseingeschränkte Wanderer spazieren am liebsten auf dem Bachstelzenweg. Er startet im Luisenpark, führt entlang der drei Quellen und des Kurhauses und verläuft direkt an der Gera bis hin zum Bachstelzen-Café am Hamburger Berg.
Barrierefreier Wanderweg: Löbervorstadt • Am Waldkasino 2 • Bus: Am Waldkasino

Thüringer Staatskanzlei (ehemalige Kurmainzische Statthalterei)
▶ Klappe hinten, d 6

In den Jahren von 1664 bis 1802 war Erfurt dem Bistum Mainz zugeordnet. Ein Zeugnis dieser Herrschaft ist mit der ehemaligen Kurmainzischen Statthalterei heute noch erhalten. Das Ensemble wurde von 1711 bis 1720 als barockes Palais errichtet. Wo heute die thüringische Staatskanzlei residiert, hat sich einst auch Goethe aufgehalten und in der Regierungsstr. 72 übernachtet. Der Dichter hatte in der Statthalterei außerdem 1808 eine Audienz bei Napoleon.
Altstadt • Regierungsstr. 73 • Tram: Angerbrunnen

Universität ▶ Klappe hinten, c 6

Die Experten sind sich uneins: Ist die Erfurter Universität die älteste Deutschlands oder nur die drittälteste? Bereits im Jahr 1379 unterzeichnete Papst Clemens VII eine Stiftungsurkunde. Da dieser jedoch nur der Gegenpapst von Papst Urban VI. war, begannen die Erfurter erst ihre Universität zu bauen, als Urban 1389 eine solche Urkunde unterzeichnete. Das Gebäude entstand nun gegenüber der Michaeliskirche und wurde schnell zur beliebtesten Universität Deutschlands, da sie bislang als einzige die Sparten Philosophie, Medizin, Recht und Theologie unter einem Dach vereinte. Im Jahr 1816 wurde die Kleinstuniversität geschlossen und erst 1994 wieder neu gegründet. Das Hauptgebäude der historischen Universität, das Collegium Maius, wurde im Zweiten Weltkrieg zerstört und nach der Wiedervereinigung wieder aufgebaut. Heute ist es Sitz der Evangelischen Kirche in Mitteldeutschland. Rund um die Michaelisstraße erinnern viele Bauten an die studentischen Bewohner, etwa die Studentenburse, ein ehemaliges Wohnheim am Kreuzsand 10. Das neue Universitätsgebäude befindet sich in der Nordhäuser Straße.
– Universität: Altstadt • Michaelisstr. 39 • Tram: Fischmarkt/Rathaus
– Neue Universität: Andreasvorstadt • Nordhäuser Str. 63 • Tram: Universität • www.uni-erfurt.de

Ursulinenkloster
▶ Klappe hinten, e 4

Direkt am quirligen Anger befindet sich eine Stätte der Zuflucht und Besinnung: Das Ursulinenkloster ist das einzige noch bestehende Kloster in Erfurt. In dem 300 Jahre alten Natursteingebäude mit der spitzbogigen Tür bieten Nonnen Gesprächsrunden an. Die kleine Kapelle ist eine grüne Oase der Stille gleich neben dem geschäftigen Treiben in Erfurts Zentrum.

Altstadt • Anger 5 • Tram: Anger • Klosterkirche Mo–Fr 10.30–11.30, 14.30–15.30 Uhr

Zitadelle Petersberg

▶ Klappe hinten a 2–3

Im Gegensatz zu anderen Städten stammt Erfurts Festung nicht aus dem Mittelalter, sondern wurde im Barock errichtet. Im Jahr 1665 ließ der Mainzer Kurfürst und Erzbischof Johann Philipp von Schönborn sie als Zwingburg erbauen, um seinen Machtanspruch zu untermauern.

Entstanden ist ein beeindruckendes Ensemble von Bauwerken. Auf dem 12 ha großen Areal finden sich nicht nur Bastionen, Vorbefestigungen und Minengänge, sondern auch ein Friedenspulvermagazin sowie eine Festungsbäckerei. In der Peterskirche wurde auch Geschichte geschrieben. Hier unterwarf sich Heinrich der Löwe im Jahr 1181 auf dem Reichstag von Erfurt dem Kaiser Friedrich I. Barbarossa. Von dem Kloster, das die Kirche in früherer Zeit umgab, blieb nur die dreischiffige romanische Basilika St. Peter und Paul erhalten, dort stehen heute moderne Kunstausstellungen auf dem Programm.

Erst seit den Neunzigerjahren wird die Zitadelle als Denkmal gepflegt. Alte Traditionen werden wiederbelebt, etwa der alte Weinberg oder die Festungsbäckerei. Zu den Höhepunkten der Besichtigung des Petersbergs zählt eine Fackelwanderung durch die ehemaligen Minengänge. Schauen Sie unbedingt in die Militärhistorische Ausstellung am Eingang und bestaunen Sie die Türklingel! Neben der mittelalterlichen Klingel sind dort alte Uniformen, Kanonenkugeln, Feldbetten und Waffen zu sehen.

Altstadt • Petersberg • Tram: Domplatz • Infostelle: Tel. 03 61/6 01 53 84 • 16. April–Okt. tgl. 11–18.30, Nov., Dez. tgl. 11–16 Uhr • Führungen über Erfurt-Tourismus

Sommerfrische versprüht der Brunnen in der Regierungsstraße am Hirschgarten. Dahinter erstreckt sich der barocke Bau der Thüringer Staatskanzlei (▶ S. 98).

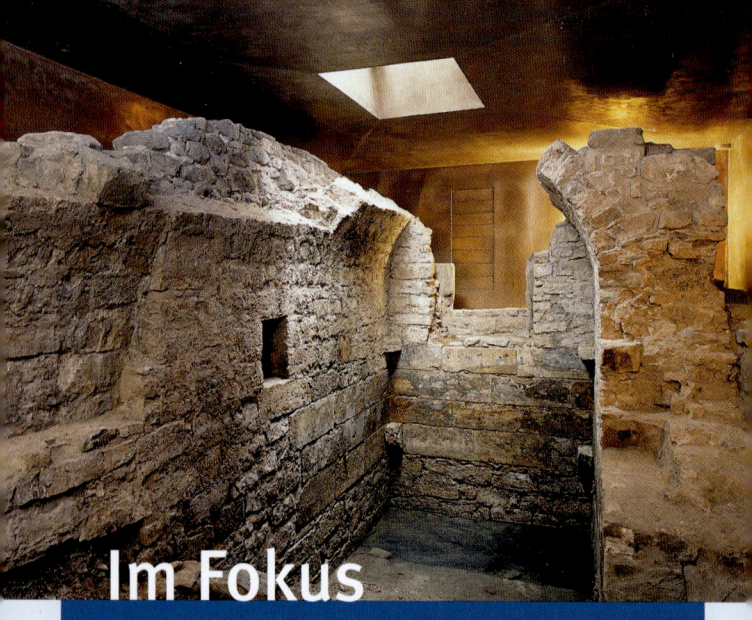

Im Fokus

Jüdisches Museum
Jahrhundertelang blieb der jüdische Schatz in Erfurt verborgen. Erst beim Umbau der Alten Synagoge fanden Archäologen die Sammlung.

Da mussten selbst die Archäologen tief Luft holen, als sie im Jahr 1998 ein merkwürdiges Stoffbündel ausgruben. Sie hielten einen echten Schatz in den Händen: Mehr als 3000 Silbermünzen, Barren, Ketten, goldene Broschen und Ringe kamen unter dem von Motten zerfressenen Tuch zutage. Die Forscher hielten den umfangreichsten Schatz dieser Art in der Hand, 28 kg schwer – und schon bald weltberühmt als der »Judenschatz von Erfurt«.

Das Herzstück des Fundes ist ein goldener Hochzeitsring, von dessen Art insgesamt nur drei bekannt sind. Der Aufsatz des Ringes ist fast 5 cm hoch und sehr filigran gearbeitet. Statt eines Steines ziert den Ring ein Abbild des Jerusalemer Tempels aus purem Gold. So fein wurde der Ring gearbeitet, dass sogar die Inschrift über der Tür noch zu lesen ist: »Mazeltov« – ein Glückwunsch auf Hebräisch. Der Tempel ist von Drachen getragen, deutlich erkennbar sind gotisches Maßwerk und Spitzbogenfenster. Im Inneren des winzigen Gebäudes verbirgt sich ein Glöckchen, das bei jeder Handbewegung leise erklingt. Solche Ringe wurden früher der Braut bei Hochzeitsritualen über den Finger gesteckt, um Reichtum zu demonstrieren.

Doch mit dieser Sitte war für den Erfurter Bankier Kalman von Wiehe im Jahr 1349 plötzlich Schluss. Er raffte seinen Reichtum schnell zusammen und

◄ Im Jahr 2007 wieder entdeckt: das alte jüdische Badehaus der Stadt, die Mikwe, direkt hinter der Krämerbrücke.

brachte ihn in Sicherheit – unter einer Treppe eines Hauses neben der Synagoge verbuddelt. Erneut ausgraben konnte er seine wertvollen Münzen und Schmuckstücke nie mehr, denn mit einem großen Pogrom vertrieben Christen die Juden aus Erfurt. Grund für die Massenausschreitungen war die Pest, die zuvor in der Stadt ausgebrochen war. Gerüchten zufolge sollten Juden die Brunnen vergiftet haben, und es kam zu Übergriffen gegen die Andersgläubigen.

Verborgene Synagoge

Nicht nur der Schatz überlebte ganz versteckt – auch die Alte Synagoge. Sie wurde schnell als Lagerstätte für Getreide umfunktioniert und verlor schon bald den typischen Charakter eines jüdischen Bethauses. Aus diesem Grund haben auch die Nationalsozialisten das Haus nicht mehr als Synagoge erkannt und sind vielleicht dort sogar Bier trinken gewesen, denn die Synagoge wurde zwischenzeitlich als Gasthaus genutzt. Erst nach der politischen Wiedervereinigung stellen Denkmalpfleger den historischen Wert des Hauses fest, und umfassende Baumaßnahmen zur Rettung des einsturzgefährdeten Gebäudes begannen.

Ein Schatz auf Reisen

Als dann der Schatz gefunden wurde und bestätigt werden konnte, dass er echt war, schickte die Stadt die weltweit einmaligen Zeugnisse mittelalterlichen jüdischen Alltaglebens auf Reisen. Der Fund wurde in Paris, Tel Aviv und New York gezeigt, bevor er dauerhaft in Erfurt zu sehen sein sollte. Der Grund war einfach: Man hatte zunächst kein adäquates Museum und wollte die Stücke außerdem dort zeigen, wo sie hingehörten, in der Alten Synagoge. Also reiste der Schatz zunächst um die Welt und wurde im Ausland berühmter als in Deutschland. Erst 2009 eröffnete die inzwischen sanierte Synagoge und zeigt die prächtigen Kleinode in einem eigenen Bereich in den Gewölben. Dort glitzern nun goldene Broschen, feine Gürtel, silberne Trinkbecher in den Vitrinen – und Berge von Silbermünzen. Immerhin war Erfurt im Mittelalter eine reiche Stadt, sie lag am königlichen Handelsweg »Via Regia« und exportierte Färberwaid nach ganz Europa – den Grundstoff für blaue Farbe. Die Juden übernahmen damals die Rolle der Geldhändler und verliehen Bares bis nach Meißen und Lübeck. Und vielleicht sogar bis nach Frankreich, was die vielen französischen Münzen im Schatz erklären würde.

Obwohl heute nur noch wenig Spuren jüdischen Lebens in Erfurt zu finden sind, war die jüdische Gemeinde hier einst groß und einflussreich. Bereits im 11. Jh. waren Juden in Erfurt ansässig. Übrigens sorgten die Archäologen bei der Sanierung von Erfurts Altstadt erst jüngst für eine weitere Sensation. Unweit der Krämerbrücke stießen sie 2007 auf ein merkwürdiges Badebecken. Es entpuppte sich als jüdische Mikwe, als rituelles Bad. Seit September 2011 kann die mittelalterliche Mikwe im Rahmen eines geführten Besuchs in der Alten Synagoge besichtigt werden.

Alte Synagoge 7
▶ Klappe hinten, d 3
Altstadt • Waagegasse 8 • Tram: Fischmarkt/Rathaus • Tel. 03 61/6 55 15 20 • www.alte-synagoge.erfurt.de • Di–So 10–18 Uhr • Eintritt 5 €, Kinder 3 €

Museen in Erfurt
Entdecken Sie eine Arche Noah mit fliehenden Wanderratten, eine Mühle, die noch Strom erzeugt, oder das einzig erhaltene Wandgemälde des Expressionismus.

◂ Spannungsreicher Kontrast zwischen alten Balken und moderner Kunst: Forum Konkrete Kunst (▸ MERIAN-Tipp, S. 105).

Erfurts Museenlandschaft ist reichhaltig – gezeigt werden nicht nur ein echter Schatz in der Synagoge, sondern auch Kunstwerke aus den verschiedenen Epochen, etwa mittelalterliche Kunst oder auch das letzte erhaltene Wandgemälde des Expressionismus. Martin Luthers Leben und Wirken in der Stadt präsentiert eine Ausstellung im Augustinerkloster, und sogar mit dem Bauhaus ist Erfurt verknüpft. Hier wirkte die Weberin Margaretha Reichardt.

Faszinierende Fronten

Wie viele Häuser der Stadt, zeichnen sich auch einige Museen durch ihre besonders schönen Fassaden aus, etwa das Angermuseum mit seiner reich verzierten Front. An der Kunsthalle, dem Haus zum Roten Ochsen, beeindrucken die plastischen Planetengötter im Fries. Das Stadtmuseum überrascht mit seiner schachbrettartigen Fassade. Das Deutsche Gartenbaumuseum wiederum logiert in einer alten Burg und besticht mit seiner Mischung aus modernem Interieur und mittelalterlichen Mauern. So ist der Museumsbesuch in Erfurt auch oft ein Augenschmaus. Und er muss nicht teuer sein. Wer in die Museen gehen und Geld sparen möchte, sollte sich den ersten Samstag im Monat aussuchen, dann ist der Eintritt dort kostenlos. Kinder bis 6 Jahren zahlen in den Museen der Landeshauptstadt generell nichts, und eine Stunde vor Schließung lassen viele Häuser ihre Gäste ebenfalls gratis hinein. Wer sich nicht auf den Samstag festlegen will, erwirbt die ErfurtCard (▸ S. 132).

MUSEEN

Alte Synagoge
▸ Klappe hinten, d 3

Neben dem jüdischen Schatz, einer der wichtigsten Sehenswürdigkeiten der Stadt (▸ S. 100), gibt die Synagoge Einblick in die Schönheit hebräischer Schriften. Bemerkenswert ist der älteste deutsche Judeneid, eine Formel, um Juden vor christlichen Gerichten verurteilen zu können. Neu eröffnet hat das Museum um die Mikwe, einem rituellen Tauchbad. Altstadt • Waagegasse 8 • Tram: Fischmarkt/Rathaus • www.alte-synagoge.erfurt.de • Di–So 10–18 Uhr • Eintritt 5 €, Kinder 3 €.

Angermuseum ▸ Klappe hinten, e 4

Das Museum beherbergt das einzige erhaltene Wandgemälde des Expressionismus. Es stammt von Erich Heckel. Ein Besuch lohnt sich auch wegen der Sammlung des 19. Jh., mit Werken von Caspar David Friedrich und Anselm Feuerbach, oder der mittelalterlichen Kunst mit Augustineraltar und Hirschmadonna. Zum Museum gehören die Barfüßerkirche und das Margaretha-Reichardt-Haus. Altstadt • Anger 18 • Tram: Anger • www.angermuseum.de • Di–So 10–18 Uhr • Eintritt 5 €, Kinder 3 €

Deutsches Gartenbaumuseum
▸ S. 111

Eine Erlebniswelt rund um das Pflanzenreich erwartet den Besucher im Gartenbaumuseum. Während die Rosenrabatten in den Innenräumen der Cyriaksburg duften, findet sich in den Vitrinen der alten Burg eine einmalige Sammlung künstlicher Äpfel – das Sortenkabinett zeigt nicht nur Cox Orange und Co., sondern auch Augapfel und Zankapfel. Auf keinen

Fall versäumen sollte man einen Streifzug durch die alten Gänge zum unterirdischen Festungsbrunnen.
Brühlervorstadt • Gothaer Str. 50 • Tram: ega • www.gartenbaumuseum.de • März–Juni, Okt. Di–So 10–18, Juli–Sept. tgl. 10–18 Uhr, Nov.–Feb. nach Vereinbarung • Eintritt 6 €, Kinder 4,80 €, mit egapark-Karte Eintritt frei

Druckereimuseum Benaryspeicher 👶
▶ S. 146, westl. A 6

In der Sammlung der Druckmaschinen in einem ehemaligen Speicher können Besucher an der Kniehebelpresse ihre eigenen Drucke herstellen (nach Voranmeldung). Im Obergeschoss sind Alltagsobjekte aus der Südsee sowie thüringisches Porzellan zu sehen, da das Haus zum Stadtmuseum gehört. Unbedingt anschauen: den original Sackaufzug im Haus.
Altstadt • Brühler Str. 37 • Tram: Sparkassen-Finanzzentrum • Di, Do 13–17, Mi 11–18 Uhr • Eintritt 3 €, Kinder 2 €

Kunsthalle Erfurt
▶ Klappe hinten, c 3

Das historische Haus beherbergt eine Wechselausstellung mit Werken der modernen Kunst: Zeichnungen, Malerei, Drucke oder Fotografie.
Altstadt • Fischmarkt 7 • Tram: Fischmarkt/Rathaus • www.kunsthalle-erfurt.de • Di, Mi, Fr–So 11–18, Do 11–22 Uhr • Eintritt 6 €, Kinder 4 €

Margaretha-Reichardt-Haus
▶ S. 146, südwestl. A 8

Die Reichardt-Schülerin Christine Leister setzt die historischen Webrahmen wieder in Gang. Oben atmet der Besucher Bauhaus-Flair. Zwischen Büchern und Möbeln fällt der Blick auf die Teppiche und Gobelins der berühmten Webmeisterin.
Bischleben • Am Kirchberg 32 • Bus: Am Kirchberg • www.angermuseum.de • Öffnungszeiten nach Voranmeldung unter Tel. 03 61/79 68 72 • Eintritt 3 €, Kinder 2 €

Das Museum Neue Mühle (▶ S. 105) zeigt die Bedeutung des Wassers und der Mühlen für Erfurt. Das Schaufelrad ist das einzige in der Stadt, das noch erhalten geblieben ist.

Museum für Thüringer Volkskunde
▶ Klappe hinten, e 1

Hier erleben Besucher das Dorfleben vor rund 200 Jahren mit ausgestellten Schlafzimmern, Spielzeug oder Küchenutensilien – und staunen über die Vielfalt Thüringer Trachten. Unbedingt ausprobieren sollte man den Jahrhundertschank mit seinen 101 Schubladen mit Hörstücken oder Fotos zu den Ereignissen des Jahres.
Altstadt • Juri-Gagarin-Ring 140 a • Tram: Krämpfertor • www.volkskundemuseum-erfurt.de • Di–So 10–18 Uhr • Eintritt 5 €, Kinder 3 €

Museum Neue Mühle
▶ Klappe hinten, d 4

Die letzte verbliebene Mühle Erfurts birgt heute ein Museum. Hier wird nicht nur zum Deutschen Mühlentag Korn geschrotet, die Anlage gewinnt auch ihre Energie zum Eigenbedarf selbst. Eindrucksvoll ist der Blick auf das rotierende Wasserrad.
Altstadt • Schlösserstr. 25 a • Tram: Fischmarkt/Rathaus • Einlass nur mit der stündlichen Führung, Di–So 10–17 Uhr • Eintritt 5 €, Kinder 3 €

Naturkundemuseum
▶ Klappe hinten, c 4

Eine richtige Arche Noah zeigt uns das Naturkundemuseum. In einem Schiffsrumpf wurden Löwe, Giraffe oder auch Wanderratte täuschend echt präpariert. Gleich neben der Arche findet sich eine große Mineraliensammlung. Zu den Höhepunkten des Museums aber zählt die Eiche, die durch die vier Etagen ragt. Spezielle Kinderführungen.
Altstadt • Große Arche 14 • Tram: Domplatz • www.naturkundemuseum-erfurt.de • Di–So 10–18 Uhr • Eintritt 5 €, Kinder 3 €

Stadtmuseum Haus zum Stockfisch
▶ Klappe hinten, e 2

Das Stadtmuseum zeigt Dokumente aus der mehr als 1000 Jahre alten Geschichte Erfurts. Angegliedert sind das Druckereimuseum, die Neue Mühle und die Wasserburg Kapellendorf.
Altstadt • Johannesstr. 169 • Tram: Futterstraße • www.stadtmuseum-erfurt.de • Di–So 10–18 Uhr

GALERIEN
Haus Dacheröden
▶ Klappe hinten, d 5

Der prächtige Renaissancebau birgt eine Galerie mit zeitgenössischer Malerei, Plastik oder Textilkunst. Dazu gibt's Kolloquien und Workshops.
Altstadt • Anger 37 • Tram: Anger • Di–So 10–18 Uhr • Eintritt frei

Kulturhof zum Güldenen Krönbacken
▶ Klappe hinten, d 3

Kunst aus der Region im ehemaligen Waidspeicher. Stimmungsvoller historischer Innenhof (▶ S. 95).
Altstadt • Michaelisstr. 10 • Tram: Fischmarkt/Rathaus • Di–So 11–18 Uhr • Eintritt frei

MERIAN-Tipp 10

FORUM KONKRETE KUNST
▶ Klappe hinten, a 3

In der ehemaligen Klosterkirche St. Peter und Paul ist heute konkrete konstruktive Kunst zu bewundern: Installationen, Malerei oder Objekte. Ein beeindruckender Gegensatz zu dem alten Gemäuer.
Altstadt • Petersberg • Tram: Domplatz • www.forum-konkrete-kunst-erfurt.de • Mi–So 10–18 Uhr • Eintritt 3 €

Spaziergänge in Erfurt
Eine Stadt des Wassers: Immerhin liegt das Zentrum wie eine Insel zwischen den Armen der Gera. Im egapark erfrischt der Sprühnebel der Fontänen die Besucher.

Erfurts dörfliche Ecken – Unbekanntes und Geheimnisvolles auf Martin Luthers Spuren

CHARAKTERISTIK: Entlang der Gera finden sich viele versteckte Ecken Erfurts, die fast dörflich wirken. Gleich daneben: Stätten von Weltrang, etwa das Augustinerkloster **DAUER:** 1,5–2 Std. **LÄNGE:** ca. 3 km **EINKEHRTIPP:** Café Füchsen, Hütergasse 13, Tel. 03 61/76 44 14 48, Mo–Fr 10–24, Sa, So, 9–24 Uhr €€ (▶ S. 47)

KARTE ▶ Klappe hinten, d 1–2; S. 144, C 3

Ausgangspunkt unseres Spaziergangges ist das berühmte **Augustinerkloster** 8 – einer der wichtigsten sakralen Orte der Stadt. Sie sehen die Kirche mit ihrem gekrönten Turm vor sich, in der der junge Priester Martin Luther sechs Jahre gelebt und 1507 seine erste Messe verlesen hat. Durch eines der beiden spitzbögigen Tore geht es in den Innenhof. In den Blick fällt dabei sogleich die Verbindung von Alt- und Neubau. 1945 war der Komplex durch Bomben zerstört worden. Das 2010 vollendete »Haus der Versöhnung« aus geschliffenem Kalkstein und großen Fensterfronten schlägt eine Brücke zum Altbau.

Augustinerkloster ▶ Gästehaus Nikolai
Sie verlassen über den Hof das Gelände, halten sich links und biegen sofort wieder in die Kirchgasse ein. In dem schmalen Gässchen mit den weißen Häusern, dem schwarzen Fachwerk und den Blumenkästen direkt hinter den Klostermauern scheint die Zeit stehen geblieben zu sein. Der Weg führt weiter die Augustinerstraße hinab. Linker Hand sehen Sie den **Nikolaiturm**, in dessen Inneren sich die Elisabethkapelle mit den bekannten Secco-Malereien befindet.

◀ Schmale Häuser und bunte Fassaden sind typisch für das sanierte Andreasviertel (▶ S. 92) im Norden der Altstadt.

Schräg gegenüber steht das **Gästehaus Nikolai**. In diesem schlichten Renaissancebau bezog Martin Luther einst sein erstes Quartier in Erfurt – wie es sich für einen Studenten gehörte, im Studentenwohnheim Georgenburse. Heute ist daraus eine Begegnungs- und Pilgerstätte mit Übernachtungsmöglichkeit geworden. Direkt hinter dem Nikolaihaus biegen Sie rechts in den kleinen Weg an der Gera ein.

Venedig ▶ Michaeliskirche
Schon bald stößt man auf eine Brücke namens **Venedig**, über die Ihr Weg führt. Am Ende der Brücke können Sie einen kleinen Blick in einen verwunschenen Garten mit gelber Villa werfen. Dort logiert ein Künstler. Danach geht es rechts ab in die Moritzstraße und links in die Glockengasse. Plötzlich zeigt sich ein ganz anderes Erfurt. Zweigeschossige mittelalterliche Reihenhäuschen säumen die Straße – die bunten Häuser gehören zum **Andreasviertel**, das hier beginnt. Kaum vorstellbar, dass diese liebevoll restaurierten Fassaden, mit Rosen bepflanzt oder mit Blumenkästen geschmückt, einst als Schandfleck der Stadt galten. Noch vor gut 20 Jahren waren die Häuser teilweise abgedeckt und verfallen – bereits in den Dreißigerjahren hatten Erfurts Stadtväter die Idee, das ältliche Viertel mit neuen Häusern zu ersetzen.

Zu DDR-Zeiten wurden diese Pläne weiterverfolgt, einige Gebäude mussten abgerissen werden. Erst nach der politischen Wende fanden die Bürger endlich ein Ohr für ihren Wunsch, das Andreasviertel zu sanieren. Heute ist es ein wirkliches Kleinod der Stadt. Vor allem in der Glockenquergasse, in die Ihr Spaziergang nun führt, zeigt sich die volle Pracht der gepflegten alten Häuser. Am Ende der Gasse biegen Sie links in die Webergasse und gelangen dann über den Moritzhof in die Moritzstraße. Sie wird bald zur Michaelisstraße – der steinernen Chronik Erfurts, wie diese Straße auch genannt wird. Schon von Weitem sichtbar ist die **Michaeliskirche**. Sie war einstmals die Kirche der Universität, deren altes Hauptgebäude Collegium maius schräg gegenüber in einem sanften Roséton leuchtet. Die Michaeliskirche gehörte zu den ersten Gotteshäusern, die in Erfurt reformiert wurden, auch Martin Luther hatte hier regelmäßig die Messe besucht und 1522 selbst gepredigt.

Allerheiligenkirche ▶ Café Füchsen
Ihr Weg führt weiter in die Allerheiligenstraße, bis zur gleichnamigen **Kirche**, deren vorn spitz zulaufender Bau sich der Straßenführung angepasst hat. An der Kirche geht es links weiter, über das geschäftige Treiben an der Marktstraße bis hin zum Fischmarkt, an dem das Haus »Zum Breiten Herd« mit seiner reich verzierten Renaissancefassade den Blick festhält. Über die Kreuzgasse gelangen Sie zur **Krämerbrücke**, über die Sie gemütlich bis zum Wenigeplatz schlendern. Neben der **Ägidienkirche** führt eine kleine Gasse zum Dämmchen an der Gera. Wandeln Sie auf dieser kleinen Insel inmitten des Flusses unter alten Bäumen und staunen Sie über die dörfliche Idylle mitten in Erfurt. Den Bummel lässt man am besten bei einer selbst gemachten Limonade im **Café Füchsen** ausklingen.

Eine Insel der Ruhe bildet der Renaissance-Innenhof des Augustinerklosters (▶ S. 92). Hier lebte Martin Luther zwischen 1505 und 1512 als Mönch.

Geschäftiges Erfurt – Vom Petersberg über den Dom zur Shoppingmeile Anger

CHARAKTERISTIK: Die Wegstrecke startet hoch über Erfurt auf dem Petersberg, führt weiter zu den Domstufen, vorbei an Mühlen und mystischen Plätzen bis zur Shoppingmeile der Stadt **DAUER:** 1,5 Std. **LÄNGE:** 2,6 km **EINKEHRTIPP:** Rossini, Neuwerkstr. 50, Tel. 0361/6438433, www.rossini-erfurt.de, tgl. 10–24 Uhr €€
KARTE ▶ Klappe hinten, a 3; S. 144, A 4

Der Spaziergang beginnt mit einem Besuch der **Peterskirche**. Im Mittelalter war sie ein stolzes Gotteshaus mit drei Türmen, doch diese erwiesen sich nach dem Wiener Kongress als zu auffällig. Gerade war Erfurt an Preußen gefallen und nun dessen südliche Festung. Also wurden die Türme 1814 herabgesetzt und später die Kirche zum Kornspeicher degradiert. Genau dieser Eindruck breitet sich auch heute aus, wenn der Besucher in den Innenraum der Peterskirche tritt. Er ist durchzogen von Balkenkonstruktionen. Zwischen den alten Holzbalken finden sich heute moderne Kunstwerke, alle im geometrischen Stil der konkreten Kunst – eine spannungsreiche Kombination.

Peterskirche ▶ Predigerkirche

Wenn Sie aus der Kirche treten, führt Ihr Weg nach links, vorbei an den alten Bastionen durch das **Kommandantenhaus** mit seinem vorgelagerten barocken Peterstor bergab. Sehen Sie links den kleinen Weinberg? Schon die Mönche des Klosters Sankt Peter und Paul haben hier Wein angebaut, heute erhält die Erfurter Weinzunft diese Tradition aufrecht.

Unten am **Domplatz** angekommen nehmen Sie eine Abkürzung: Statt über 70 Stufen zum Dom zu gehen, spazieren Sie gemütlich über den Severihof zum **Mariendom** 10 und ge-nießen die majestätische Aussicht. Wer mehr Zeit hat, besichtigt Dom und Severikirche auch von innen. Anschließend führt der Weg über die 70 Stufen auf den Domplatz und dann in die Mettengasse. Der einstige Färberwaidspeicher, den Sie dort erkennen, dient heute als Spielstätte für ein Puppentheater. Sie schlendern weiter nach links, in die Große Arche, entlang an den hübschen Fassaden, die Erfurt so berühmt gemacht haben, darunter das gelbe Haus zum Sonneborn, heute Standesamt.

Auch das **Naturkundemuseum** liegt auf Ihren Weg, doch der Spaziergang führt links daran vorbei in die Paulstraße. An deren Ende stoßen Sie auf die **Predigerkirche**, in der der Theologe Meister Eckart gewirkt hat. An ihn erinnert heute die Tür an der linken Kirchenseite, deren Ornamente wie ein Labyrinth aussehen. Die Predigerstraße geleitet nach einigen Minuten auf eine Brücke. Nehmen Sie sich einen Moment Zeit und schauen Sie sich das verglaste Mühlhaus genau an – dort kann man dem drehenden Mühlrad zusehen und -hören.

Schlösserbrücke ▶ Anger

Über die Schlösserbrücke gelangen Sie in die Barfüßerstraße. Dort ist nicht nur die im Zweiten Weltkrieg zerstörte **Barfüßerkirche** zu finden, sondern auch ein Zitat von Meister Eckart.

Betrachten Sie die Blumenkästen im Gebäude nebenan aufmerksam und lesen Sie schließlich von oben: »Die wichtigste Stunde ist immer die Gegenwart. Der wichtigste Mensch ist immer der, der dir gerade gegenübersteht. Das notwendigste Werk ist stets die Liebe.« Dann biegen Sie links in die Meister-Eckehart-Straße. Sie mündet in die Regierungsstraße, denn dort befindet sich die **Thüringer Staatskanzlei**, das ehemalige Gebäude der Kurmainzischen Statthalterei. Hier haben sich einst Napoleon und Zar Alexander I. getroffen.

Vor dem Gebäude breitet sich der kleine Park Hirschgarten aus, hier liegt auch das italienische Restaurant **Rossini**. Vom Plätschern des Brunnens begleitet führt Ihr Weg jetzt in die Neuwerkstraße. Erfurts Shoppingmeile nimmt mit dem bekanntesten Schuhhaus der Stadt ihren Anfang: Zumnorde. Bummeln Sie die Schaufenster der Mode- und Spielwarenläden entlang bis zum Anger.

Grüne Entdeckungen – Zwischen Blumen, Kakteen und japanischen Teehäusern

CHARAKTERISTIK: Bei diesem Spaziergang lassen Sie Erfurts mittelalterlichen Kern hinter sich und genießen die Gartenkunst im egapark DAUER: 45 Min. LÄNGE: 1,8 km EINKEHRTIPP: Restaurant Caponniere, egapark, Tel. 03 61/ 2 25 86 21, Di–So 12–22 Uhr €€ ANFAHRT: Stadtbahn ega KARTE ▶ S. 111

Am Haupteingang des egaparks erblicken Sie den großen Gebäudekomplex des **Mitteldeutschen Rundfunks**. Der MDR hat hier seinen Hauptsitz und produziert manche Sendungen auch direkt im Park.

Ausstellungshallen ▶ Kakteenhaus
Sie beginnen Ihren Spaziergang im hinteren Teil, direkt entlang der **Ausstellungshallen**. Zu ihrer linken Seite blühen Tagetes, Pelargonien und Co. um die Wette. Geschickte Gärtnerhände haben sie zu riesigen Blüten und Ornamenten zusammengesteckt – mit seinen rund 6000 qm Fläche ist das größte Ornament-Blumenbeet der Welt sogar von einem Flugzeug aus sichtbar. Die Hallen gegenüber des Beetes beherbergen wechselnde Ausstellungen – mal Kunst, mal Themen rund um den Garten, im Sommer verwandelt sich so manche Halle auch zum Ferienprogramm für Kinder. Schauen Sie genau zwischen die Halle 4 und den Schauhäusern, dort finden Rosenfreunde heute selten gewordene DDR-Züchtungen der Königin der Blumen. Eine wirkliche Rarität bietet der egapark in seinem **Kakteenhaus**, es ist bei den Pflanzenschauhäusern untergebracht. Dort findet sich der Kaktus »Haageocereus«, benannt nach der Kakteengärtnerei Haage (▶ S. 94).

Japanischer Garten ▶ Caponniere
Weiter geht es zum **Japanischen Garten**. Dabei folgen Sie einfach der Wasserachse mit ihren Fontänen und biegen an deren Ende links ab. Das **Gartenbaumuseum** und die **Volkssternwarte** laden rechter Hand zum Besuch. Doch das Weitergehen

zum Japanischen Garten lohnt sich. Es offenbart sich eine ganz andere Art der Gartenkultur, statt der üppig blühenden Stauden wachsen Sträucher und Bäume. Im Frühjahr verströmen Kirschbäume japanisches Flair, im Herbst die Zwerghorn-Bäume. Machen Sie eine kleine Pause am Teepavillon oder durchschreiten Sie die Tore zum »Mühevollen Weg des Zen«, der zu einem Gräsergarten führt. Gleich nebenan befindet sich auch ein kleines Wäldchen.

Haben Sie sich sattgesehen, kehren Sie um und streifen in Richtung Gartenbaumuseum und von dort zum **Aussichtsturm**. Sie wandern dabei durch das alte Gemäuer des ehemaligen Geschützturms der mittelalterlichen Stadtfestung Cyriaksburg. Ihre breiten Rundtürme sind schon von Weitem zu sehen – einer wurde zum Aussichtsturm umfunktioniert.

Von hier aus kann man bis zum Dom schauen. Der andere Turm diente übrigens früher als Sternwarte. Während die Burg im Dreißigjährigen Krieg Erfurt Schutz gewährte, stehen in dem trutzigen Bau heute Blumen und Gartenkunst im Mittelpunkt: Das Innere der Cyriaksburg birgt das Gartenbaumuseum.

Wem der Aufstieg auf die große Wendeltreppe zu mühsam ist, der setzt sich gleich ins Restaurant **Caponniere**, das wie ein Burgcafé am Rand der alten Cyriaksburg liegt – und bestellt Vanilleeis mit heißen Himbeeren. Und wem jetzt der Rückweg zu lang ist, der steigt einfach in den egapark-Express und lässt sich durch die Blütenlandschaft zurückfahren.

Ein Besuch auf Schloss Kochberg (▶ S. 114) ist ein Fest für die Sinne, den Besucher erwarten duftende Gärten, plätschernde Wasserspiele und schmucke Brücken.

Ausflüge rund um Weimar und Erfurt

Es locken Abstecher nach Jena, zu den Dornburger Schlössern oder den bunten Feengrotten von Saalfeld. Doch auch eine Radtour entlang der Ilm ist ein Erlebnis.

Großkochberg mit Goethewanderweg

CHARAKTERISTIK: Das Schloss Kochberg ist ein Kleinod im Süden Weimars – auf dem Weg dorthin liegt das Färberdorf Neckeroda **ANFAHRT:** Großkochberg ist mit dem Auto am besten über die B 85 erreichbar, Richtung Rudolstadt, hinter Teichel links nach Großkochberg **DAUER:** Halbtagesausflug **EINKEHRTIPPS:** Schlossrestaurant Kochberg, Im Schlosshof 3, Großkochberg, Tel. 03 67 43/2 25 32, www.schlossrestaurant-kochberg.de, Nov.–März Mi–So 11–20, April–Okt. Di–So 10–20 Uhr €€€
AUSKUNFT: Tourist Information Thüringen, Willy-Brandt-Platz 1, Erfurt, Tel. 03 61/3 74 20, www.thueringen-tourismus.de, Mo–Fr 9–19, Sa, So 10–16 Uhr
KARTE ▶ S. 123, c 2

Wer in Weimar und Erfurt weilt, sollte ihn einmal laufen – den **Goethewanderweg**. Der Dichter soll die 28 km lange Strecke in 4 Std. geschafft haben. »Ich habe mich gestern herausgeflüchtet, bin um halb sechs zu Fuß von Weimar abmarschiert und war halb zehn schon hier, da alles schon verschlossen war und sich zum Bettgehen bereitete ...«, schreibt er an Charlotte von Stein. Man kann sich aber auch nur das letzte Teilstück des Wanderwegs aussuchen.

Schloss Kochberg
Dass Goethe gerne hierher kam, versteht der Besucher von **Großkochberg** auf den ersten Blick. Gebaut als barockes **Wasserschloss** im 16. Jh., verwandelten es Charlotte von Stein und ihr Sohn Carl im späten 18. Jh. zur musischen Hochburg. Die weiße Barockfassade spiegelt sich heute in dem umgebenden Wassergraben, und eine überdachte Holzbrücke führt wie ein Steg in den Park. Dort liegt das einzigartige, um 1800 errichtete **Liebhabertheater** mit Säulenportal und großem Bühnenraum. Von März bis Oktober werden dort Theater- und Konzertaufführungen präsentiert.
Außerdem zeigt das **Schlossmuseum** historische Hintergründe. Etwa dass Goethe hier an seinem Faust geschrieben hat oder dass auch Schiller und Herder gerne Gäste auf Schloss Kochberg waren. In den klassizistischen Räumen beeindruckt das Schreibpult, an dem Goethe nicht nur an seinen Versen arbeitete, sondern auch Zeichnungen vom Schloss anfertigte. Neben den Innenräumen ist der 6 ha große **Park** mit seinem Badeteich samt eigenem Badehäuschen, Grotten und der Ruine sehenswert.

Ein Stück Goethewanderweg
Vom Schloss Großkochberg lohnt es sich, ins 5 km entfernte Neckeroda zu wandern. Dabei wandeln Besucher ein Stück auf Goethes Spuren, der hier nicht selten zu Pferd oder zu Fuß hergeeilt kam. Die einstündige Wanderung führt zunächst zum **Luisenturm**, der für die verstorbene Enkelin von Charlotte von Stein errichtet wurde. Weiter geht es dann, immer den Schildern mit dem großen »G« folgend, auf dem Goethewanderweg nach Neckeroda.

Färberdorf Neckeroda
Neckeroda mit seinen 210 Einwohnern ist inzwischen über die Grenzen Thüringens hinaus bekannt, denn hier hat sich einzigartiges Fachwissen angesammelt. Immerhin gehörte die Gemeinde einst zu den 200 Waidddörfern Thüringens, die aus der Pflanze den blauen Farbstoff herstellten. Ob Schafgarbe oder Ringelblume, Zwie-

belschale oder Brennnessel – eigentlich lassen sich Naturfasern mit fast allem färben –, das erfahren die Besucher im **Färbezentrum**. Das Zentrum unterhält nicht nur einen eigenen Garten mit farbstoffgebenden Pflanzen, sondern führt in den gesamten Herstellungsprozess von der Rohwolle bis zum Pulli ein. Besucher können beim Schaufärben zusehen oder Seidentücher tönen. Am besten vorher eine Führung im Dorf buchen. Neckeroda ist übrigens ein Rundlingsdorf mit einem Doppelwall.

Ilmtalradweg, Buchfart und Bad Berka

CHARAKTERISTIK: Der Ilmtalradweg führt durch idyllische Täler, zu alten Mühlen, schönen Brücken und nach Bad Berka, wo schon Goethe kurte ANFAHRT: Mit dem Rad von Weimar nach Bad Berka, etwa 24 km, zurück mit der Regionalbahn (stündlich, Fahrradmitnahme möglich) DAUER: Halbtagesausflug EINKEHRTIPPS: Waldgasthaus Balsamine, Am Schlossberg 50, Buchfart, Tel. 0 36 43/49 64 19, www.waldgasthaus-balsamine.de, Di–So 11–20 Uhr €€ AUSKUNFT: Kurverwaltung Bad Berka, Goetheallee 3, Bad Berka, Tel. 0 36 45/87 57 90, www.bad-berka.de, Mo–Fr 9–12, 14–18, (Nov.–April bis 17), Sa 9–12 Uhr
KARTE ▶ S. 123, c 1–c 2

Die mit dem Fahrrad zu bewältigende Strecke ist etwa 24 km lang und sollte in eineinhalb Stunden zu schaffen sein. Der Streckenverlauf ist folgender: Weimar–Mellingen–Oettern–Buchfart–Hetschburg–Bad Berka.

Auf dem Ilmtalradweg (▶ S. 115) kommt man durch grüne Täler und kleine Dörfer. Hier lernen Thüringen-Besucher die Region eher von ihrer stillen Seite kennen.

Die Feengrotten von Saalfeld (▶ S. 117) sind weltweit einzigartig. Hier staunen die Besucher über die gelungene Illumination der »Gralsburg« im Märchendom.

Weimar ▶ Oettern

Fahren Sie ein Stückchen auf dem **Ilmtalradweg**. Am besten lässt es sich am südlichen Ende von Weimars Park an der Ilm starten, beim Bienenmuseum. Folgen Sie den Schildern Ilmtalradweg–Bad Berka.

Die erste Station auf dieser Tour ist **Taubach**. Steigen Sie kurz aus dem Sattel und schauen Sie sich diese Mühle am Ilmwehr an: Sie stammt aus dem 12. Jh. und gilt als älteste noch funktionstüchtige Thüringens. Lassen Sie Ihren Blick über den Dreiseitenhof, das Fachwerk und die vorgelagerte Ilminsel schweifen und genießen Sie den Klang des tosenden Wassers, bevor Sie weiterfahren.

Gleich im Nachbardorf gibt es schon wieder etwas zu sehen: In **Mellingen** erkennt man schon von Weitem ein aus Drahtstäben in Bauhausfarben gefertigtes Kunstwerk. Es soll an den Maler Lyonel Feininger (1871–1956) erinnern, der den Mellinger Kirchturm in seinen Bildern verewigt hat.

Buchfart

Kurz vor Buchfart sehen Sie rechter Hand einen Berg – die **Balsamine**. Dort am Schlossberg liegt ein bezauberndes Gasthaus und Ausflugslokal: Balsamine. Ein Abstecher dorthin lohnt sich – vom Gasthaus eröffnet sich der Blick über die Ilmtalaue, und auf der Terrasse riecht es würzig nach Nadelbäumen und Harz. Auf den Tisch kommen Thüringer Gerichte, etwa Wildschweinbraten.

Die Weiterfahrt fällt schwer – lohnt sich aber, denn **Buchfahrt** ist wirklich sehenswert, nicht nur wegen seiner Felsenhöhlen am Ortseingang. Sie wurden im 10. Jh. als Kammern der Zuflucht in den Berg getrieben. Besonders bemerkenswert ist jedoch die alte Mühle, sie mahlt sogar heute noch Korn, das dann in der Backstube zu Brot wird. Hier klappert es noch, wenn sich am grauen Steingebäude am Ilmwehr das hölzerne Wasserrad dreht. Nur wenige Schritte weiter zeigt sich die überdachte Holzbrücke – so schmal, dass ein Traktor dort gerade so durchpasst.

Hetschburg ▶ Bad Berka

Die letzte Etappe des Radwegs führt nun nach **Bad Berka** – eine herausgeputzte Kleinstadt, in der schon Goethe als Badegast weilte. Hier hat Goethes Freund Clemens Wenzeslaus Coudray, ein klassizistischer Architekt, dabei geholfen, Bad Berka als Kurstadt voranzubringen. Dessen Bauten gehören heute zu den Hauptsehenswürdigkeiten: das Rathaus im klassizistischen Stil mit den angrenzenden Gebäuden sowie das Kurhaus. Eng mit Weimar verbunden ist auch der Edelhof, dort logierten viele Größen aus der Goethestadt.

Die Feengrotten von Saalfeld

CHARAKTERISTIK: Die Feengrotten in Saalfeld gelten als farbenprächtigste der Welt – mit ihrer besonderen Illumination beleuchtet wirken sie wie ein Märchenland
ANFAHRT: Mit dem Auto – die Feengrotten liegen 47 km südlich von Weimar und sind am besten über die B 85 erreichbar, Richtung Blankenhain/Rudolstadt. Weiter geht es über die B 281 in Saalfeld. Mit der Bahn – bis nach Saalfeld, halbstündlich fährt dort ein Bus zu den Feengrotten DAUER: Halbtagesausflug EINKEHRTIPPS: K-Star Saalfeld, Schwarmgasse 25, Saalfeld, Tel. 0 36 71/45 76 68, www.kstar.de, So–Do 14–1, Fr, Sa 14–2 Uhr €€ AUSKUNFT: Feengrotten, Feengrottenweg 2, Saalfeld, Tel. 0 36 71/5 50 40, www.feengrotten.de, Mai–Okt. tgl. 9.30–17, Nov.–April tgl. 10.30–15.30 Uhr (Jan. nur Sa, So)
KARTE ▶ S. 123, c 3

Die Pracht der Feengrotten breitet sich über drei Etagen aus – schließlich sind die Feengrotten ein **Bergwerk**, das mehr als 300 Jahre lang in Betrieb war. Von 1530 bis 1850 wurde in den Stollen Alaun abgebaut – mehr über die Historie erfahren Besucher gleich im Eingangsbereich der Stollen. Erklärt wird auch, warum die Stollen so farbenprächtig sind: In dem Wasser, das hier jahrhundertelang ganz langsam, aber gleichmäßig heruntertröpfelte, befindet sich eine außergewöhnliche Breite an Mineralien – und jedes schimmert in einem anderen Ton. In dieser ersten Sohle, wie die Stockwerke unter Tage auch genannt werden, befindet sich zudem Deutschlands erster **Heilstollen**: Die Luft in den Feengrotten wirkt

sich nicht nur positiv auf Erkrankungen der Atemwege aus, sondern ist zudem auch noch extrem rein, fast völlig staub- und keimfrei. Geht der Besucher tiefer ins Bergwerk hinab, in die zweite Sohle, ist er nicht nur mehr als 25 m unter Tage, sondern sieht zudem noch den Stollen, der 1910 wiederentdeckt wurde.
Der Höhepunkt des Besuchs liegt in der dritten Sohle: Der **Märchendom** scheint wirklich aus einer anderen Welt zu kommen mit seinen nur etwa 300 Jahre alten Tropfsteinen, die hier in buntes Licht getaucht sind.

Ideal für Familien

In den Feengrotten gibt es vor allem für Familien viel zu entdecken. Zunächst einmal die Antwort auf die Frage »Wie entstehen eigentlich Grotten«. Sie findet sich im Mitmachmuseum **Grottoneum**. Vor allem für Kinder lohnt sich der Abstecher. Dort sehen sie nicht nur einem Tropfstein beim Wachsen zu, sondern erfahren auch, wie mühsam die Bergleute im Mittelalter unter Tage hier schufteten. Anschließend lassen sich die Kinder draußen im **Feenwäldchen** verzaubern, während sie verwunschene Laubengänge durchschreiten und im Garten der Feenpflanzen lernen, welche Blüte zu welcher Fee gehört – echte Feen treffen nicht ausgeschlossen.

Saalfeld

Obwohl die Feengrotten allein schon eine Reise wert sind, sollte das dazugehörige **Saalfeld** keinesfalls links liegen gelassen werden. Die Kreisstadt hat auch einige hübsche Bauten zu bieten (www.saalfeld-tourismus.de), etwa das barocke Stadtschloss mit der wohl prunkvollsten protestantischen Kapelle, das märchenhafte Schlösschen Kitzerstein, eine ehemalige Schraubenfabrik oder auch das mittelalterliche Franziskanerkloster (www.museumimkloster.de), das heute Stadtmuseum ist, und die älteste Apotheke Deutschlands (www.marktapotheke-saalfeld.de). Naschkatzen fühlen sich in Saalfeld besonders wohl, die Stollwerk-Schokolade (www.stollwerk.de) ist hier zu Hause, zudem gibt es noch eine Schokoladenmanufaktur (www.rotstern.de).

Junge Universitätsstadt Jena

CHARAKTERISTIK: Auf Schillers Spuren unter künstlichem Sternenhimmel – ein Ausflug in das vitale Jena **ANFAHRT:** Mit dem Auto – über die A 4 Richtung Jena. Mit der Bahn – von Weimar mit dem Regionalexpress stündlich in 15 Min. nach Jena, von Erfurt aus mit dem Regionalexpress in 30 Min. **DAUER:** Tagesausflug **EINKEHRTIPP:** Café Central, Markt 23, Jena, Tel. 0 36 41/44 10 44, tgl. 11–24 Uhr €€ **AUSKUNFT:** Jena Tourist-Information, Markt 16, Jena, Tel. 0 36 41/49 80 50, www.jena.de, Mo–Fr 10–19, Sa, So 10–16 Uhr
KARTE ▶ S. 119; S. 123, d 1

Während Weimar als Goethestadt gilt, könnte man Jena die Schillerstadt nennen: Der Dichter wohnte hier zehn Jahre lang, hatte eine Professur an der Universität und lernte hier Goethe kennen. So lässt es sich in Jena gut auf seinen Spuren wandeln. Doch noch geachteter als Schiller ist ein anderer Bewohner Jenas: **Carl Zeiss**, Gründer der feinmechanischen Fabrik. Sein Name ist heute Synonym für gute Feinoptik – ob bei Brillen, an Kameras oder an Projektoren. Ihm ist auch das berühmte Planetarium in Jena zu verdanken, das älteste der Welt. Obwohl Jena sich im 20. Jh. industriell weiterentwickelt hat, strahlt der Ort im Saaletal geistiges Leben aus, das liegt nicht nur an seiner Uni. Jena gilt als Keimzelle der idealistischen Philosophie.

Philosophen und Dichter

Nirgendwo war **Schiller** so produktiv wie in Jena, hier entstanden nicht nur große Teile des »Wallenstein« und der »Maria Stuart«, sondern vor allem die »Jungfrau von Orleans«. Als Geschichtsprofessor wohnte er etwas außerhalb des Zentrums im heutigen Schillergässchen. Schon bald lernte er Goethe kennen und verbrachte mit ihm lange Abende an seinem Steintisch in einer alten Laube. In der Kirche an der Schlippenstr. 30 heiratete er Charlotte von Lengefeld, und mit der Tätigkeit an der Universität kehrte Ruhe in sein Leben ein.

Während die Universität inzwischen auf das Gelände der ehemaligen Carl-Zeiss-Werke gezogen ist, können Jena-Besucher noch **Schillers Gartenhaus** (▸ S. 119, b 3) besichtigen. Im Vorderhaus steht ein großes Schreibpult, vom dem aus der Dichter in den Garten schauen konnte. Seine wahre Schaffensfreunde aber lebte er in einem kleinen Turm im Garten aus, abgeschieden von der Familie (www.uni-jena.de/Gartenhaus.html).

Neben Schiller hatte die Jenaer Universität noch weitere Berühmtheiten berufen: die Philosophen Georg Friedrich Hegel, Johann Gottlieb Fichte und August Wilhelm Schlegel ebenso wie die Romantiker Clemens Brentano und Friedrich von Hardenberg.

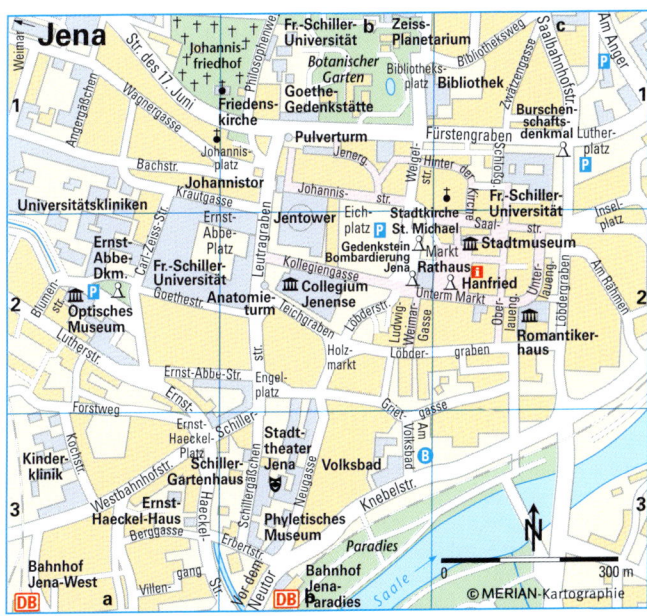

Der Unternehmer Carl Zeiss

Die berühmteste Sehenswürdigkeit Jenas ist unmittelbar mit seinem Namen verbunden: das **Zeiss-Planetarium** (▶ S. 119, b 1). Immerhin war es der Weimarer Carl Zeiss, der in Jena 1846 eine Werkstatt für Optik eröffnete. Seine Technik lieferte 1924 den Grundstein für das »Wunder von Jena«: Unter einer Kuppel auf dem Fabrikdach hatte er einen künstlichen Sternenhimmel projiziert. Das neue Planetarium lockte Tausende von Besuchern. So wurde es an seinen heutigen Standort verlegt, wo es noch immer mit seiner Sternenshow verzaubert (www.sternevent.com).
Neben dem Planetarium gibt das **Optische Museum** einen guten Einblick in die Welt der geschliffenen Gläser (www.optischesmuseum.de). Ansonsten lohnt die Besichtigung des **Jentowers** (▶ S. 119, b 1–b 2) mit seinem Panoramablick aus dem 31. Stock.
Unbedingt empfehlenswert ist auch ein Besuch des **Phyletischen Museums** (▶ S. 119, b 3), des Museums für Stammesgeschichte. Hier finden sich zoologische Raritäten aus der ganzen Welt, den »Fossilen Stier« hat sogar Goethe persönlich gefunden (www.phyletisches-museum.uni-jena.de).
Das junge Jena aber hat weitaus mehr zu bieten als nur das Planetarium und Schillers Gartenhaus. Die einzige Volluniversität Thüringens mit ca. 21 000 Studenten versprüht eine ausgesprochen quirlige Atmosphäre.

Die Dornburger Schlösser

CHARAKTERISTIK: Eine einmalige Parade dreier Schlösser thront hier über der Saale **ANFAHRT:** Mit dem Auto – von Weimar auf die B 7 Richtung Jena, von Erfurt auf die A 4 Richtung Jena, dann jeweils über die B 88 in Richtung Naumburg zu den Dornburger Schlössern. Mit der Bahn – eine Regionalbahn fährt von Erfurt und Weimar stündlich nach Dornburg **DAUER:** Halbtagesausflug **EINKEHRTIPPS:** Restaurant Schlossberg, Neustr. 16 a, Dornburg, Tel. 0 36 42 7/7 04 63, www.dornburger-schloesser.de, Di–Fr 11–22 Uhr €€ **AUSKUNFT:** Tourismusinformation Saaleland, Margarethenstr. 7/8, Kahla, Tel. 0 36 24/7 84 39, www.dornburg-saale.de
KARTE ▶ S. 123, e 1

Nördlich von Jena liegt ein beispielloses Ensemble dreier Prachtbauten: die Dornburger Schlösser. Malerisch thronen sie auf einem steil abfallenden Muschelkalkfelsen über der Saale. Immerhin gilt **Dornburg** als Schauplatz großer geschichtlicher Ereignisse. Kaiser Otto I. hielt hier im Jahr 965 einen Reichstag ab, zwei weitere folgten. Ob sie jedoch in den Mauern des heutigen **Alten Schlosses** stattfanden, ist nicht historisch belegt. Sicher hingegen ist, dass der Bau aus dem 16. Jh. stammt und seine Blüte unter Ernst August I. Anfang des 18. Jh. erlebte. Doch nach dem Auszug des Herzogs von Weimar wurde das Schloss zu Verwaltungssitz, Textilfabrik und Schule degradiert. Nach der Wiedervereinigung beschloss man, das Schloss umfassend zu renovieren. Es gehört nun zur Universität Jena.

Schlösser als Museen

Im Gegensatz zum Alten Schloss können die beiden anderen Anwesen, das **Renaissanceschloss** und das **Roko-**

koschloss, besichtigt werden. In beiden Häusern hat Goethe residiert, denn Herzog Carl-August hatte das Gebäude aus dem Jahr 1539 im frühen 19. Jh. zum Herrensitz umbauen lassen. So erinnert auch ein Goethezitat über dem Eingang des Renaissanceschlosses an den berühmten Dichter. Obwohl er hier noch als 78-Jähriger geschrieben und gewohnt hat, ist heute kaum ein Möbelstück aus jener Epoche übrig geblieben – doch in der Bergstube in den oberen Räumen findet sich immerhin noch ein kleines »Grafitto« von Goethe im Fensterrahmen: »1828 vom 7. Juli bis 12. September weilte hier Goethe.«
Besonders lohnenswert ist ein Besuch des Rokokoschlosses. Wahrlich königlich ist die Atmosphäre hier mit den großen Fenstern, die für lichtdurchflutete Räume sorgen.
Auf keinen Fall versäumen sollten Besucher den Blick in das Porzellanzimmer mit seinen alten Meisterwerken edler Porzellankunst. Und der Festsaal mit seinem Parkettboden, den Fresken im Stuck und den farbigen halbrunden Nischen ist wirklich ein Erlebnis. Eingebettet in einen formalistischen **Park** mit zahlreichen Ornamenten und geometrisch exakt geschnittenen Bäumen wirkt das Rokokoschloss wie eine kleine Oase.
Angelegt auf Terrassen ist der Park übrigens eine Meisterleistung der Gartenbaukunst – zu steil fielen die Hänge ab, als dass man hier hätte einen normalen Schlossgarten einrichten können. Am letzten Juniwochenende feiert Dornburg sein **Rosenfest** – der Umzug samt Rosenkönigin beginnt am Rokokoschloss. Besonders spektakulär präsentieren sich die Schlösser im Herbst, wenn die Blätter der umliegenden Weinstöcke sich verfärben und Nebel die Sicht ins Tal der Saale versperrt.

Verträumt erhebt sich das Rokokoschlösschen der Dornburger Schlösser (▶ S. 120) in einer prächtigen Gartenanlage – auch Goethe fand hier zeitweilig ein Zuhause.

Zum Stausee Hohenfelden

CHARAKTERISTIK: Rund 20 km südlich von Weimar und Erfurt – fast genau zwischen beiden Städten – liegt der Stausee Hohenfelden, ein Wasserparadies der Region **ANFAHRT:** Mit dem Auto – ab Weimar über die B 58 Richtung Bad Berka, in Bad Berka geht es rechts nach Hohenfelden; ab Erfurt fahren Sie in Richtung A 4 Jena, aber nicht auf die Autobahn, sondern Sie folgen einfach der Landstraße weiter nach Hohenfelden. Mit Bus und Bahn – ab Weimar kommen Sie mit der Bahn nach Erfurt; vom dortigen Busbahnhof gibt es eine regelmäßige Verbindung nach Hohenfelden **DAUER:** Halbtages- bis Tagesausflug **EINKEHRTIPP:** Seeterrassen Hohenfelden, Am Stausee 2, Hohenfelden, Tel. 03 64 50/4 23 97, www.seeterrassen-hohenfelden.de, tgl. 11.30–22 Uhr €€
KARTE ▶ S. 123, b 2

Wenn die Erfurter oder Weimarer sich einen kleinen Urlaub gönnen, dann fahren sie zum Stausee Hohenfelden und dem **Freizeitpark** samt seinem Kletterwald. Doch zuallererst lockt immer wieder das Wasser, und an warmen Tagen steht auf jeden Fall eine Runde Schwimmen im See auf dem Programm. Und wenn die Temperaturen zu kalt zum Baden sind, dann steht die **Avenida**-Therme mit Saunen, Dampfbad und sogar Eisgrotte bereit – alles direkt am See.

Vom Boot aus den See erkunden

Aber nicht immer mag man nur am Strand liegen, auf dem Wasser eröffnen sich oft ganz andere Welten. Libellen fliegen dicht über die Oberfläche des Sees – und die Geräusche der Zivilisation verschwinden in weiter Ferne. Nicht nur deswegen lohnt es sich, in Hohenfelden ein Boot zu mieten – ob Tretboot, Ruderboot oder einen kleinen Segler. Die Wassersportschule Weimar hat Segel- und Windsurfkurse im Programm.

Klettern, Tiere und Freilichtmuseum

Auch zu Land hat Hohenfelden einiges zu bieten. Im kleinen **Wildpark** suhlen sich Wildschweine, während das Damwild den Schatten sucht. Wem das zu unaufregend ist, der besucht **Kletterwald** und hangelt sich über wackelnde Netze und wippende Seile. Etwas ruhiger hingegen geht es im **Freilichtmuseum Hohenfelden** zu: Hier findet man ein kleines Dorf mit alter Schule, Bienenhaus, Windmühle und Werkstätten, das zeigt, wie die Menschen im 17. Jh. auf dem Lande gelebt haben. Besonders schön präsentiert sich das große **Handwerkerfest** Anfang April.

INFORMATIONEN

Freizeitpark Stausee Hohenfelden

Hohenfelden • Tel. 03 64 50/4 20 81 • www.stausee-hohenfelden.de • Strandbad: 15. Mai–15. Sept. tgl. 9–19 Uhr • Eintritt 3 €, Kinder 1,50 €

Avenida-Therme

Hohenfelden, Am Stausee 1 • Tel. 03 64 50/44 90 • www.avenida-therme.de • tgl. 10–23 Uhr • Eintritt 10,50–14 €, Kinder 8–11,50 €

Thüringer Freilichtmuseum

Hohenfelden, Im Dorfe 63 • Tel. 03 64 50/3 02 85 • www.thueringer-freilichtmuseum-hohenfelden.de • April–Okt. tgl. 10–18, Jan.–April Sa, So 11–17 Uhr • Eintritt 5 €, Kinder 2,50 €

Ausflüge 123

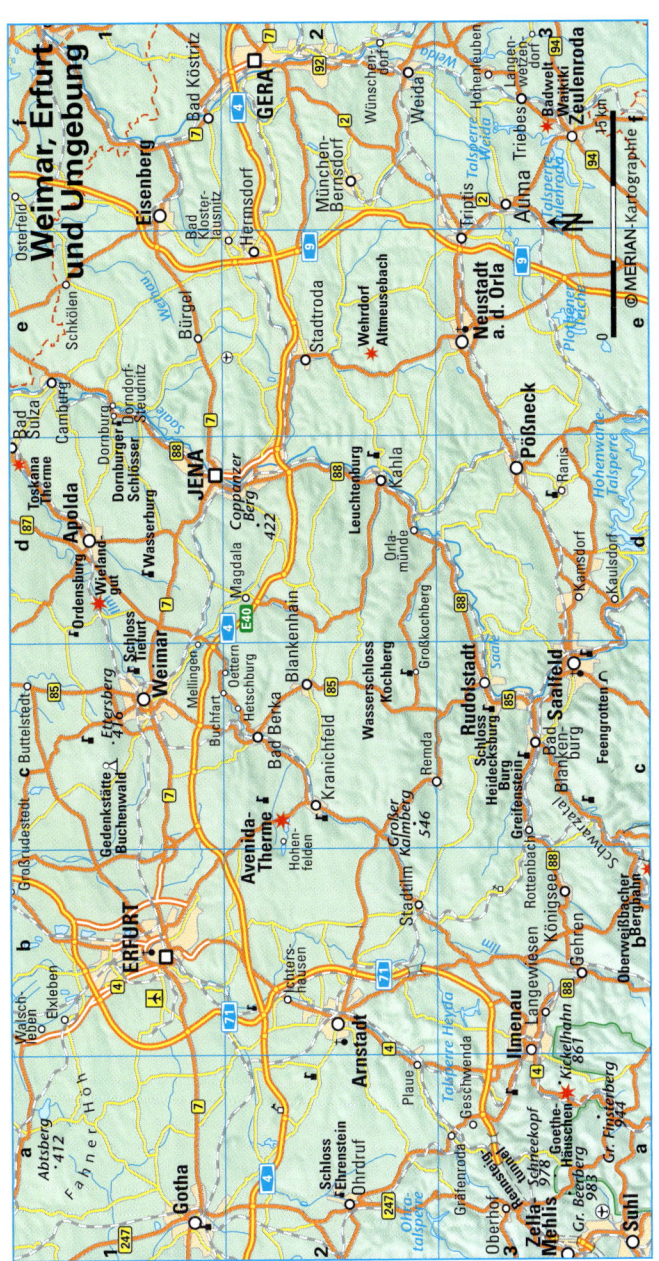

Die traditionsreiche Erfurter Straßenbahn auf ihrem Weg zum Domplatz (▶ S. 95). Ein dichtes Liniennetz macht den Besuch der Stadt komfortabel.

Wissenswertes über
Weimar und Erfurt

Nützliche Informationen für einen gelungenen Aufenthalt: Fakten über Land, Leute und Geschichte sowie Reisepraktisches von A bis Z.

Auf einen Blick

Mehr erfahren über Weimar und Erfurt – Informationen über Land und Leute, von Bevölkerung über Politik und Religion bis Wirtschaft.

Weimar

BEVÖLKERUNG: 3 % Ausländer, davon etwa 25 % Russen, 4 % Türken, 4 % Koreaner, 4 % Chinesen
EINWOHNER: 65 500
FLÄCHE: 84 qkm
INTERNET: www.weimar.de
RELIGION: 19 % Protestanten, 7 % Katholiken
VERWALTUNG: Zehn Stadtteile und elf eingemeindete Ortsteile

Erfurt

BEVÖLKERUNG: 3 % Ausländer, davon 20 % Vietnamesen, 9 % Russen, 7,7 % Ukrainer
EINWOHNER: 205 000
FLÄCHE: 270 qkm
INTERNET: www.erfurt.de
RELIGION: 13,7 % Protestanten, 6,5 % Katholiken
VERWALTUNG: 53 Stadtteile, 36 davon sind Ortsteile

Bevölkerung

Nach der politischen Wende verlor Weimar dramatisch an Bevölkerung. Junge Menschen wanderten ab oder bekamen immer weniger Nachwuchs. Weimars Geburtenrückgang hat nun offenbar seine Talsohle durchschritten: Klaffte in den Jahren 1991 bis 1995 eine erhebliche Lücke zwischen den Sterbefällen und den Geburten, hat sich der Abstand inzwischen deutlich verringert. Zwar sterben auch

◂ Leckeres für Zwischendurch am Kiosk der Bauhaus-Uni (▸ S. 65) in Weimar.

hier immer noch mehr Bürger, als Babys geboren werden, aber seit 1996 ist die Zahl der Geburten in Weimar wieder stark steigend. Eine andere Entwicklung begünstigt zudem Weimars Bevölkerungsentwicklung: Die Goethestadt ist die Gemeinde mit den meisten Zuzügen in Thüringen und konnte damit den Trend zur Abwanderung in den Westen stoppen.

Auch Erfurt hat seine große Bevölkerungskrise überwunden und kann sogar mit einer steigenden Einwohnerzahl aufwarten. Unter den vergleichbar großen Städten im Osten Deutschlands hat Erfurt somit die stabilste demografische Entwicklung.

Lage und Geografie

Erfurt und Weimar erstrecken sich im Thüringer Becken und sind jeweils naturräumlich besonders geprägt. Weimars Innenstadt liegt in einem kleinen Talkessel. Rund um die Altstadt erheben sich kleine Hügel, im Westen ebenso wie im Osten und im Süden. Im Norden begrenzt der 478 m hohe Ettersberg das Stadtgebiet. Er ist übrigens die höchste Erhebung im Thüringer Becken.

Auch in Erfurt schwankt die Höhenlage im Stadtgebiet, liegt sie im Norden bei 158 m, misst man im Südosten schon 430 m.

Politik und Verwaltung

Politisch geführt wird Weimar von einem Stadtrat, er hat 42 Sitze (CDU 10, weimarwerk bürgerbündnis 8, Bündnis 90/Die Grünen 6, SPD 6, Die Linke 4, Neue Linke 4) plus den Sitz des Oberbürgermeisters, den seit 2006 Stefan Wolf (SPD) einnimmt.

Dem Erfurter Stadtrat gehören neben dem Oberbürgermeister Andreas Bausewein (SPD) noch 50 Mitglieder an (SPD 17, CDU 11, Die Linke 9, Bündnis 90/Die Grünen 5).

Religion

Immerhin zwei Drittel der Einwohnerschaft von Weimar und Erfurt gehören keiner Religionsgemeinschaft an. Das begründet sich in der jüngeren Geschichte, denn nach den Jahren des Nationalsozialismus folgte für die Bewohner die Zeit der DDR, in der eine Mitgliedschaft bei den Kirchen ebenfalls nicht gern gesehen war. Übrigens bilden die drittstärkste Religionsgruppe in Erfurt die Buddhisten, aufgrund der vielen Einwanderer aus Asien.

Wirtschaft

Das größte private Unternehmen in Weimar ist der Pharmakonzern Schering mit seinen 500 Mitarbeitern. Zudem haben hier der Lebensmitteldiscounter Aldi-Nord ein großes Lager und Coca-Cola eine Abfüllanlage. Positiv stellt sich die Entwicklung des Arbeitsmarktes in Weimar dar. Lag die Arbeitslosenquote 2005 noch bei 22,2 %, ist sie mittlerweile halbiert und beträgt ungefähr 10 %.

Erfurts Wirtschaftsleben ist bunt, hier haben vor allem die neuen Technologien Arbeitsplätze geschaffen, etwa die Halbleitertechnik mit ihrem Unternehmen X-Fab, aber auch die Solarenergie mit Bosch als Arbeitgeber. Neben Brauereien und Maschinenbau hat sich auch die Gummiwarensparte etabliert: So gehört der Verhütungsmittelhersteller Condomi ebenfalls zu Erfurts großen Arbeitgebern. In Erfurt liegt die Arbeitslosenquote ebenfalls bei etwa 10 %.

Geschichte

Weimar

899
Erste urkundliche Erwähnung als »Vvigmara«. Um die Jahre 1230/1250 fand wohl die Stadtgründung statt.

1552
Johann Friedrich der Großmütige kommt als ehemaliger Kurfürst von Sachsen nach Weimar, mit ihm erreicht Lucas Cranach d. Ä. die Stadt.

1708
Als Organist am Hof gelangt Johann Sebastian Bach nach Weimar.

1758
Nur zwei Jahre nach seiner Hochzeit mit Anna Amalia verstirbt Herzog Ernst-August. Anna Amalia regiert nun als Vormund für ihren gerade einjährigen Sohn Carl-August und holt 1772 Christoph-Martin Wieland als Erzieher in die Stadt.

1775
Johann Wolfgang von Goethe reist auf Einladung des Herzogs Carl-August nach Weimar und gehört im Folgejahr zu seinem Beraterstab.

1776
Johann Gottfried Herder wird Stadtsuperintendent in Weimar.

1787
Friedrich Schiller besucht Weimar.

1791
Gründung des Hoftheaters.

1806
Napoleon besetzt Weimar, seine Truppen plündern die Stadt.

1842
Franz Liszt wird Hofkapellmeister. Es beginnt das »Silberne Zeitalter«.

1919
Mit der Nationalversammlung tagt das erste frei gewählte Parlament als »Weimarer Republik« im Deutschen Nationaltheater und verabschiedet eine demokratische Verfassung.

1919
Walter Gropius gründet das Bauhaus und holt Lyonel Feininger, Wassily Kandinsky, Paul Klee und László Moholy-Nagy an seine Hochschule.

1937
Die Nationalsozialisten errichten das Konzentrationslager Buchenwald.

1945
In Weimar werden durch Bombenangriffe das Nationaltheater, die Herz-Jesu-Kirche und große Teile der Innenstadt (z. B. die komplette Marktnordseite) beschädigt.

1955
Thomas Mann spricht zum 150. Todestag Schillers im Nationaltheater.

1999
Die Stadt ist ein Jahr lang »Europäische Kulturhauptstadt«.

2004
Ein Brand in der Herzogin Anna Amalia Bibliothek vernichtet 50 000 historische Bücher.

2011
Das Liszt-Haus wird nach einer Komplettrenovierung wieder eröffnet.

Erfurt

742
Erste schriftliche Erwähnung von »Erphesfurt«.

1000
Erfurt kommt unter die Herrschaft des Erzbistums Mainz.

1154
Beginn des Dombaus.

1181
Beim Reichstag auf dem Petersberg unterwirft sich Heinrich der Löwe dem Kaiser Friedrich I. Barbarossa.

1278–1311
Der Priester und Mystiker Meister Eckhart lebt als Dominikaner im Predigerkloster Erfurt.

1351
Der »Erfurter Zuchtbrief« legt Regeln für den Handel mit Waid fest: Das Färbemittel darf nur zu gewissen Zeiten auf dem Anger angeboten werden.

1392
In Erfurt wird eine Universität mit den Fakultäten Theologie, Jura, Medizin und Kunst eröffnet.

1501
Martin Luther kommt nach Erfurt.

1522
Adam Ries druckt in Erfurt sein großes Rechenbuch, Grundstein für die noch heute geltenden Rechenarten.

1640
Die Eltern Johann Sebastian Bachs heiraten in der Kaufmannskirche.

1665
Bau der Zitadelle Petersberg.

1802
Ende der Kurmainzischen Herrschaft: Erfurt wird dem Königreich Preußen zugeschlagen.

1806
Napoleon besetzt kampflos Erfurt und hält 1808 seinen Fürstenkongress in der Stadt ab, bei dem er u. a. auf Zar Alexander I. trifft.

1945
Im Zweiten Weltkrieg erlebt Erfurt 27 Luftangriffe. 1392 Einwohner werden getötet, 530 Gebäude zerstört.

1961
Die »1. Internationale Gartenbauausstellung sozialistischer Länder« wird auf dem egapark-Gelände eröffnet.

1970
Erstes deutsch-deutsches Gipfeltreffen zwischen dem bundesdeutschen Kanzler Willy Brandt (SPD) und dem Staatsratsvorsitzenden der DDR Willi Stoph (SED). An die Rufe »Willy Brandt ans Fenster« erinnert heute eine Leuchtschrift am Erfurter Hof.

2002
Ein Amoklauf im Gutenberg-Gymnasium fordert 17 Todesopfer.

2003
Das neue Erfurter Theater nimmt seinen Betrieb auf.

2011
Papst Benedikt XVI. kommt bei seinem Staatsbesuch auch nach Erfurt.

Reisepraktisches von A–Z

ANREISE
MIT DEM AUTO
Weimar

Weimar ist über die A 4 (Eisenach–Chemnitz) sowie über die A 9 (Leipzig–Hof) zu erreichen. Von Süden kommend, verlässt man die A 4 bei der Ausfahrt Weimar und fährt dann in die Rudolstädter Straße. Die B 85 wird später zur Berkaer Straße und führt über die linker Hand gelegene Marienstraße direkt ins Zentrum. Von Norden aus kommen Reisende zwar über die A 9, fahren dann aber am Hermsdorfer Kreuz auf die A 4 Richtung Erfurt – und nehmen den oben beschriebenen Weg.

Erfurt

Erfurt ist vom Süden aus erreichbar über die A 71 (Erfurt–Schweinfurt), Abfahrt Erfurt-Bindersleben. Dort geht es rechts in die Eisenacher Straße und die Gothaer Straße Richtung Zentrum. Autos aus Richtung Westen nehmen die A 4, Ausfahrt Erfurt-West und biegen rechts auf die B 4, die ins Zentrum führt. Von Osten kommend wählen sie die Abfahrt Erfurt-Ost und biegen links ab in Richtung Haarberg und weiter nach Erfurt-Zentrum.

MIT DER BAHN
Weimar

Weimar liegt etwas abseits der großen Bahnlinien. Seltener als einmal in der Stunde hält ein ICE hier. Die Anreise erfolgt also fast immer über Erfurt – und dann weiter mit dem Regionalexpress nach Weimar. Die Strecke Göttingen–Erfurt im Regionalexpress ist für Empfindliche eine sehr schaukelige Angelegenheit. Sie sollten besser einen ICE nach Erfurt buchen und dann die kürzere Strecke Erfurt–Weimar mit dem Regionalexpress fahren.

Erfurt

Erfurt liegt an der Eisenbahnlinie von Frankfurt am Main nach Halle/Leipzig (ICE im Stunden-Takt) und der Schienenverbindung Ruhrgebiet–Kassel–Erfurt–Chemnitz sowie über Halle nach Berlin (jeweils IC im Zwei-Stunden-Takt). So ist es aus diesen Richtungen kein Problem, mit dem IC oder ICE schnell nach Erfurt zu gelangen. Außerdem verkehrt eine CityNightLine täglich nach Frankfurt am Main und Zürich.

MIT DEM FLUGZEUG

Beide Städte sind über den **Flughafen Erfurt-Weimar** gut zu erreichen. Der Airport liegt etwa 6 km westlich von Erfurt – das Zentrum der Stadt ist mit Auto oder Taxi in einer Viertelstunde gut zu erreichen. Angebunden ist der Flughafen aber auch an die öffentlichen Verkehrsmittel – mit der Stadtbahnlinie 4.

Bis Weimar dauert es ein wenig länger, die Stadt liegt knapp 30 km vom Flughafen entfernt. Übrigens führt die kürzere Route nicht über die A 71 nach Weimar, sondern über die Binderslebener Landstraße und Erfurts Vorstädte. Diese Route misst nur 29 km, bei der Autobahnverbindung sind es immerhin 42 km – und nur 7 Min. weniger Fahrzeit.

Auf www.atmosfair.de und www.myclimate.org kann jeder Reisende durch eine Spende für Klimaschutzprojekte für die CO_2-Emission seines Fluges aufkommen.

AUSKUNFT

IN ÖSTERREICH UND DER SCHWEIZ
Deutsche Zentrale für Tourismus
www.germany.travel
– Mariahilfer Str. 54, 1070 Wien • Tel. 01/15 13 27 92
– Talstr. 62, 8001 Zürich • Tel. 0 44/2 13 22 00 92

IN WEIMAR UND ERFURT
Tourist-Information Weimar
– Weimar, Altstadt • Markt 10 • Bus: Goetheplatz • Tel. 0 36 43/7 45-0 • www.weimar.de • April–Okt. Mo–Sa 9.30–19, So 9.30–15, Nov.–März Mo–Fr 9.30–18, Sa, So 9.30–14 Uhr
▶ Klappe vorne, d 4
– Weimar, Altstadt • Friedensstr. 1, Bus: Friedensstraße, Mo–Sa 10–18 Uhr ▶ S. 141, D 3

Klassik Stiftung ▶ Klappe vorne, d 4
Die Stiftung verwaltet alle großen Museen in Weimar und Umgebung. Weimar, Altstadt • Frauentorstr. 4 • Bus: Wielandplatz • Tel. 0 36 43/54 54 00 • April–Okt. Mo–Sa 9.30–19, So 9.30–15, Nov.–März Mo–Fr 9.30–18, Sa, So 9.30–14 Uhr

Erfurt Tourismus & Marketing
▶ Klappe hinten, d 3
Erfurt, Altstadt • Benediktsplatz 1 • Tram: Fischmarkt/Rathaus • Tel. 03 61/6 64 00 • www.erfurt-tourismus.de • April–Dez. Mo–Fr 10–19, Sa 10–18, So 10–16, Jan.–März Mo–Sa 10–18, So 10–16 Uhr

Thüringen Tourismus ▶ S. 147, E 5
Die Tourismusinformation Thüringens gibt Auskunft über beide Städte und günstige Kombi-Angebote. Erfurt, Altstadt • Willy-Brandt-Platz 1 • Tel. 03 61/3 74 20, Karten-Tel. 01 80/5 05 55 05 • www.thueringen-tourismus.de • Mo–Fr 9–19, Sa, So 10–16 Uhr

BUCHTIPPS

Felix Leibrock: Tempelbrand: Ein Weimarkrimi (Salier Verlag, 2010): Der spannende Krimi spielt auf zwei Zeitebenen und erinnert ein wenig an die Bücher von Dan Brown.

André Kudernatsch: Das Beste an Erfurt ist die Autobahn nach Jena (Salier Verlag, 2010) Bissiges Buch mit Kolumnen über typisch Thüringisches: die Klöße, das Rennsteiglied oder die für den Autor eher langweilige Landeshauptstadt Erfurt.

Karl Koch: Wie im Morgenglanze (Deutsche Literaturlandschaften, 2009) Literarische Rundgänge durch Weimar – der Autor führt im Geiste Gespräche mit den großen Dichtern und Denkern der Vergangenheit und erzählt witzige Begebenheiten.

Marianne Brandt: Die klugen Frauen von Weimar: Regentinnen, Salondamen, Schriftstellerinnen und Künstlerinnen (Sandmann Verlag, 2007) Endlich einmal ein Buch, das sich auch mit den großen Frauen der Stadt befasst – allen voran natürlich Herzogin Anna Amalia.

CITYCARDS
Weimar
Weimar bietet eine **Citycard** zum Preis von 10 € an. Darin enthalten sind nicht nur die Nutzung aller öffentlichen Verkehrsmittel für 72 Std., sondern auch der Eintritt zum Stadtmuseum und dem Museum für Ur- und Frühgeschichte. Bei anderen Museen erhält man mit der Karte 20 % Rabatt. Stadtführungen kosten mit ihr nur die Hälfte und auf den Besuch des Nationaltheaters und des Weimarer Kunstfestes gibt es 10 % Rabatt.

Erfurt

Für 48-Std.-Aufenthalte in der Stadt empfiehlt sich die **ErfurtCard**. Sie kostet 12,90 € und gilt für 2 Tage als Ticket für den öffentlichen Personennahverkehr. Nicht nur Bus und Bahn sind inklusive, sondern auch der Besuch der städtischen Museen sowie ein Stadtrundgang. Darüber hinaus gewähren Theater und Schwimmbäder 10 % Rabatt beim Eintritt.

ThüringenCard

Wer Weimar und Erfurt im Doppelpack besucht, für den könnte sich die ThüringenCard lohnen. Sie kostet für drei Tage 36 € (Kinder 23 €) und bietet nicht nur freien Eintritt in die Museen in Thüringen, von Goethes Wohnhaus bis zu den Feengrotten, es sind auch 2 Std. in der Avenida-Therme im Preis inbegriffen. Sie ist zudem als Ein- und Sechs-Tage-Karte erhältlich (16/11 € bzw. 56/34 €).

DIPLOMATISCHE VERTRETUNGEN
Österreichisches Generalkonsulat

Dresden, An der Frauenkirche 12 • Tel. 03 51/4 81 70 40

Schweizerisches Generalkonsulat

Dresden, Leipziger Str. 116 • Tel. 03 51/89 44 40

FEIERTAGE

1. Jan. Neujahr
6. Jan. Heilige Drei Könige
Karfreitag, Ostermontag
1. Mai Tag der Arbeit
Christi Himmelfahrt
Pfingstmontag
3. Okt. Tag der Deutschen Einheit
25. Dez. 1. Weihnachtsfeiertag
26. Dez. 2. Weihnachtsfeiertag

GELD

Kreditkarten werden allgemein akzeptiert, vor allem Visa und Mastercard. Auch mit EC-Karte kann man in den meisten Geschäften bezahlen. Kleinere Kneipen, Cafés und Pensionen bestehen bisweilen auf Barzahlung. Ein gutes Netz von Bankautomaten ist in beiden Städten zu finden.

INTERNET
Weimar

www.hfm-weimar.de
Die Internetseite der Hochschule für Musik informiert auch über Veranstaltungen und Konzerte.
www.klassik-stiftung.de
Die Klassik Stiftung unterhält die wichtigsten Museen, Schlösser und historischen Wohnhäuser rund um Weimar und bietet viele Insiderinformationen auf ihren Seiten. Zudem organisiert die Stiftung jede Menge Kulturveranstaltungen in Weimar.
www.uni-weimar.de
Portal der Universität Weimar, informiert über viele Bauhaus-Sehenswürdigkeiten der Stadt. Zudem sind hier Bauhaus-Spaziergänge buchbar.

Erfurt

www.erfurt.de
Offizielle Seite der Stadt – mit allen wichtigen Infos und oft ausführlicher als die Seite des Tourismusverbandes.
www.thueringer-allgemeine.de
Neuigkeiten aus der Thüringer Hauptstadt berichtet die Lokalzeitung täglich auf ihrer Internetseite.

Weimar und Erfurt

www.blitz-world.de
Blitz heißt das Stadtmagazin für Erfurt und Weimar. Auf der Webpage finden sich viele Veranstaltungstipps (auch zu Jena, Dresden, Leipzig etc.).

Citycards – Medizinische Versorgung

www.salve-tv.net
Salve ist der regionale Fernsehsender für Erfurt und Weimar. Auf seiner Internetseite finden sich kleine Filme mit Neuigkeiten aus beiden Städten.

www.weimar-lese.de
Hübsche literarische Seite über Weimar mit Kinder- und Kurzgeschichten rund um den Belvedere-Park oder Sagen und Märchen. Zudem werden wichtige Weimarer Persönlichkeiten von heute vorgestellt. Eine ähnliche Seite gibt es auch für Erfurt: www.erfurt-lese.de.

KARTENVORVERKAUF
Weimar
Tourist-Information Weimar
▸ Auskunft, S. 131

Welcome Center ▸ S. 141, D 3
Altstadt • Friedensstr. 1 • Bus: Friedensstraße • Tel. 0 36 43/74 50 • www.weimar.de

Erfurt
DasDie ▸ Klappe hinten, c 5
Der Veranstalter DasDie organisiert Theater, Oper und Kabarett in der Oper, im Brettl und in DasDie-Live. Altstadt • Lange Brücke 29 • Tram: Lange Brücke • Karten-Tel. 03 61/55 11 66 • www.dasdie.de • Feb.–Aug. Mo–Fr 11–18, Sept.–Jan. Mo–Fr 10–18, Sa 10–13 Uhr

Erfurt Tourismus und Marketing
▸ Auskunft, S. 131

Thüringen Tourismus
▸ Auskunft, S. 131

MEDIZINISCHE VERSORGUNG
KRANKENVERSICHERUNG
Für Österreicher oder Schweizer genügt eine Europäische Versicherungskarte (EHIC). Als zusätzlicher Versicherungsschutz empfiehlt sich der Abschluss einer Auslandskrankenversicherung, da dort Rücktransporte mit abgedeckt werden.

KRANKENHAUS
Weimar
Sophien- und Hufeland-Klinikum
▸ S. 142, südl. B 8
Südstadt • Henry-van-de-Velde-Str. 2 • Bus: Klinikum • Tel. 0 36 43/5 70 • www.klinikum-weimar.net

Erfurt
Helios Klinikum Erfurt
▸ S. 144, nordwestl. A 1
Andreasvorstadt • Nordhäuser Str. 74 • Tram: Klinikum • Tel. 03 61/7 81-0 • www.helios-kliniken.de

APOTHEKEN
Die Apotheken sind in der Regel von 8–18.30, samstags von 9–16 Uhr geöffnet. Apotheken mit längeren Öffnungszeiten:

Weimar
Atriumapotheke ▸ S. 141, D 3
Altstadt • Friedensstr. 1 • Bus: Friedensstraße • Tel. 0 36 43/90 87 20 • www.apotheke-weimar.de • Mo–Sa 9–20 Uhr

Erfurt
Apotheke im Hauptbahnhof
▸ S. 147, E 5
Altstadt • Willy-Brandt-Platz 12 • Tram: Hauptbahnhof • Tel. 03 61/3 45 35 19 • www.apothekeimhauptbahnhof.de • Mo–Fr 7–20, Sa 8–14 Uhr

NOTFALLAMBULANZEN
Weimar
Notfalldienst
Tel. 08 00/8 25 25 25

134 REISEPRAKTISCHES VON A–Z

Erfurt
Kassenärztlicher Notfalldienst
▶ S. 144, nordwestl. A 1
Andreasvorstadt • Nordhäuser Str. 74 •
Tel. 03 61/7 81 48 33, 7 81 48 34 •
Mo–Fr 19–7, Sa, So 0–24 Uhr

NOTRUF
Euronotruf Tel. 1 12
(Polizei, Feuerwehr, Rettungsdienst)

POST
Briefmarken gibt es in Postfilialen und im Einzelhandel mit Postverkaufsstelle. Eine Postkarte nach Österreich und in die Schweiz kostet 0,65 €.

REISEDOKUMENTE
Österreicher und Schweizer können mit einem gültigen Reisepass oder Personalausweis/Identitätskarte einreisen. Kinder unter 16 Jahren müssen im Pass der Eltern eingetragen sein oder benötigen einen eigenen Kinderausweis.

REISEWETTER
Die beste Reisezeit für Weimar und Erfurt sind der Mai/Juni oder Ende August bis Anfang Oktober. Dann sind die Städte nicht mit Besuchern überfüllt, und auch an den Museen bilden sich keine Schlangen – aber es ist häufig schon/noch warm genug für einen Kaffee draußen.

STADTFÜHRUNGEN
Weimar
Größter Anbieter für Stadtführungen ist die Tourist-Information Weimar (▶ Auskunft, S. 131). Wer einen außergewöhnlichen Stadtrundgang sucht, der findet ihn hier: Weimar auf den Spuren großer Frauen, Bauhaus, das politische Weimar oder Schauplätze der Musik. Zudem gibt es auch Stadtführungen mit kostümierten Guides oder mit dem Fahrrad.
Die Radtouren sind thematisch konzipiert, Besucher können sowohl auf den Spuren Marlene Dietrichs radeln als auch auf jenen des Malers Lyonel Feininger. Eine besondere Art, Weimar kennenzulernen, ist eine Fahrt mit dem Belvedere-Express. Der nachgebaute Talbot aus dem Jahr 1925 fährt vom Markt zu den Sehenswürdigkeiten der Stadt bis nach Schloss Belvedere.
Die Tourist-Information bietet auch eine besonders schöne Kinderstadtführung an: Unterwegs mit der Hofkrähe Cora. Der freche Vogel ist eine Handpuppe und kann so manche Geschichte erzählen, die Kinder zum Staunen bringt. Pädagogisch wertvoll ist ebenso die Zeit, die Führung dauert nur eine Stunde.
Geeignetes Kartenmaterial hält die Tourist-Information Weimar (▶ Auskunft, S. 131) bereit.

Mittelwerte	JAN	FEB	MÄR	APR	MAI	JUN	JUL	AUG	SEP	OKT	NOV	DEZ
Tagestemperatur	2	3	8	13	18	21	23	23	19	13	7	3
Nachttemperatur	-3	-4	-1	3	7	11	13	12	9	5	2	-2
Sonnenstunden	2	3	4	5	7	7	7	6	5	3	2	1
Regentage pro Monat	15	15	13	14	14	13	14	13	13	14	15	15

Weimar Kulturvoll
▸ Klappe vorne, d 5

Qualitätvoll sind die Stadtführungen bei »Weimar Kulturvoll«. Die Inhaberin ist nicht nur zertifizierte Stadtführerin, sondern arbeitet auch noch für die Klassik Stiftung.
Altstadt • Ackerwand 11 • Bus: Wielandplatz • Tel. 0 36 43/85 37 86 • www.weimarkultur-voll.de

Lokaltermin ▸ Klappe vorne, d 3

Der Anbieter Lokaltermin offeriert ein breites Spektrum an Führungen. Für Weimar stehen u. a. Gartenrundgänge, Franz-Liszt-Touren, Bauhaus-Führungen oder Architekturrundgänge auf dem Programm. Lokaltermin bietet auch interessante Führungen in Erfurt, etwa zum jüdischen Leben oder Luther in Erfurt.
Altstadt • Kaufstr. 9/11 • Bus: Goetheplatz • Tel. 0 36 43/77 72 10 • www.lokaltermin-reisen.de

Weimarer Stadtführungen

Den Ilmpark morgens um 6 Uhr entdecken oder auf Inlineskates durch Weimar rollen – Stadtführerin Svea Geske hat sich für ihre Gäste etwas Besonderes einfallen lassen. Versiert und mit Leichtigkeit führt sie außerdem auch durch Erfurt.
Tel. 0 36 43/4 89 94 02 • www.weimar-stadtfuehrung.de

Erfurt

Erfurt Tourismus ▸ Klappe hinten, d 3

Größter Anbieter von Stadtführungen in Erfurt ist Erfurt Tourismus (▸ Auskunft, S. 131). Hier wird die Stadt oft besonders schön inszeniert, etwa bei Fackelrundgängen durch die Kasematten auf dem Petersberg. Voller Humor sind die szenischen Führungen, etwa mit einem kauzi-

NEBENKOSTEN

1 Tasse Kaffee	1,90 €
1 Bier (0,3 l)	2,20 €
1 Cola (0,2 l)	2,30 €
1 Kugel Eis	1,00 €
1 Bratwurst	1,90 €
1 Schachtel Zigaretten	5,00 €
1 Liter Benzin	1,56 €
Taxifahrt pro km	2,20 €
Fahrradmiete/Tag	ab 9,00 €
Öffentl. Verkehrsmittel (Einzelfahrt)	1,80 €
Mietwagen/Tag (inkl. km)	ab 70,00 €

gen Erfinder, der seine Besucher in geheimnisvolle Winkel führt oder auf den Spuren mysteriöser Kriminalfälle wandelt. In den Sommermonaten ist die Tour auf dem Wasser im Kanu ein besonderes Erlebnis.

Kinderführung ▸ Klappe hinten, c 3

Junge Entdecker führt der Drache Friedel durch die Alte Synagoge Erfurt. Mitgebracht hat der Drache seinen Reisekoffer samt Kompass, eine Synagoge aus Stoff und sogar Duftproben. Mit seinem Koffer geleitet er die Kinder zum Schatz.
Altstadt • Alte Synagoge • Waagegasse 8 • Tram: Fischmarkt/Rathaus • Tel. 03 61/6 55 16 66 • www.alte-synagoge.erfurt.de

Verein Erfurter Gästeführer

Was hat Adam Ries eigentlich in der Stadt gemacht und was Johann Sebastian Bach? Wo findet man noch Spuren des Waidhandels in Erfurt: Fragen wie diese beantworten die besonderen Stadtführungen des Vereins Erfurter Gästeführer.
Tel. 03 61/2 25 77 11 • www.erfurt-fuehrungen.de

TELEFON
VORWAHLEN
A, CH ▶ Deutschland 00 49
Deutschland ▶ A 00 43
Deutschland ▶ CH 00 41
Weimar ▶ 0 36 43
Erfurt ▶ 03 61

TIERE

Hunde und Katzen aus Österreich und der Schweiz benötigen zur Einreise einen EU-Heimtierausweis bzw. Schweizer Heimtierausweis (stellt der Tierarzt aus) mit Nachweis einer Tollwutimpfung. Zudem muss das Tier per Mikrochip identifizierbar sein. Für Schweizer Hunde und Katzen ist grundsätzlich eine Gesundheitsbescheinigung erforderlich, die der Tierarzt ausstellt.

VERKEHR
AUTO
Weimar

Weimar ist eine Stadt der engen Gassen, Kutschen und vielen Touristen. Es macht keinen Spaß, in der Innenstadt einen Parkplatz zu suchen. Und weil man diesen sowieso auch bezahlen muss, stellen Besucher ihr Auto am besten im Parkhaus am Atrium ab, dort parken sie zudem noch die erste Stunde kostenlos. Das Parkhaus ist durchgehend geöffnet. Andere Abstellmöglichkeiten sind die Parkhäuser an der Hauptpost oder am Beethovenplatz.

Erfurt

Erfurts Altstadt ist für Autofahrer ziemlich unübersichtlich mit ihren vielen Fußgängerzonen und Einbahnstraßen. Deswegen hat die Stadt ein eigenes Parkleitsystem eingeführt, mit dem Autofahrer leichter einen Parkplatz im Parkhaus finden. Dort sind auch die Auslastungen der Stellplätze angegeben. Große Parkhäuser finden sich am Dom und am Anger sowie am Hauptbahnhof.

MIETWAGEN
Avis
Tel. 0 18 05/21 77 02 • www.avis.de

Europcar
Tel. 01 80/5 80 00 • www.europcar.de

Hertz
Tel. 0 18 05/33 35 35 • www.hertz.de

Sixt
Tel. 0 18 05/25 25 25 • www.sixt.de

ÖFFENTLICHE VERKEHRSMITTEL
Weimar

Weimar hat zwar keine Tram, aber ein gut ausgebautes Bussystem, das seine Besucher schnell zu den Sehenswürdigkeiten bringt. Insgesamt sind es neun Linien, die bis in die Randgebiete Weimars unterwegs sind. Eine Einzelfahrt kostet 1,80 €, Tickets kann man auch im Bus lösen. Tageskarten allerdings nicht, sie kosten 4,20 € und sind etwa bei der Tourist-Information erhältlich.

Stadtwirtschaft Weimar
– Fahrplan/Tarifauskunft: Tel. 0 36 43/ 43 41 70 • www.sw-weimar.de
– Auskunft und Beratung: Altstadt • Pavillon am Goetheplatz • Bus: Goetheplatz • Mo–Fr 7–17.45, Sa 9–12.45 Uhr
– Verkehrslinienplan ▶ Faltkartenrückseite

Erfurt

Das Netz der öffentlichen Verkehrsmittel wird in Erfurt von den Erfurter Verkehrsbetrieben geführt (EVAG).

pèlerinages
KUNSTFEST WEIMAR

24. August bis 9. September 2012
23. August bis 15. September 2013
Nike Wagner, Künstlerische Leitung
Musik | Ausstellungen | Tanz | Theater
Diskussionen | Neue Medien | Film

Foto: Maik Schuck

www.kunstfest-weimar.de

Dabei stehen sechs Straßenbahnlinien der Stadtbahn zur Verfügung sowie insgesamt 22 Buslinien. An den Wochenenden verkehren vier Nachtbuslinien vom Zentrum aus in die Vorstädte – von 1 bis 4.30 Uhr.
Eine Einzelfahrt in Erfurt kostet 1,80 €, eine Tageskarte 4,20 €. Seit dem Jahr 2006 sind zudem die Städte Erfurt, Jena und Weimar zu einer Tarifgemeinschaft zusammengeschlossen und bieten den City-Regio-Tarif an, man kann also in zwei Städten mit einer Karte fahren. Dieser Tarif wird in mehreren Stufen bereitgestellt, Weimar und Erfurt etwa kosten zusammen ab 2,40 €.

EVAG-Center am Anger
– Fahrplan/Tarifauskunft: Tel. 03 61/ 1 94 49 • www.stadtwerke-erfurt.de
– SMS-Fahrplanauskunft: Tel. 01 75/ 2 22 22 77 (eine SMS mit Haltestellen-Namen oder -Code senden)
– Auskunft und Beratung: Altstadt • Schlösserstr. 4 • Tram: Anger • Mo–Fr 7–19, Sa 10–15 Uhr
– Verkehrslinienplan ▶ Faltkartenrückseite

TAXI
Weimar

In Weimar gilt ein Taxigrundpreis von 2 €, der erste und zweite gefahrene Kilometer kosten jeweils 2 €, ab dem dritten Kilometer zahlt man nur noch 1,40 €/km.

Taxi-Service Weimar
Tel. 0 36 43/90 39 00

Erfurt

Der Taxi-Grundpreis in Erfurt beträgt 2,20 €. Der Kilometer kostet werktags von 5–22 Uhr 2 €, ab dem dritten Kilometer sind dann 1,45 € zu berappen. In beiden Städten wird die Anfahrt zum Bestellort des Taxis nicht mitberechnet.

Taxi-Service Erfurt
Tel. 03 61/3 46 10 10

ZEITUNGEN

Die zwei großen Tageszeitungen sind die »Thüringische Landeszeitung« (www.tlz.de) für Weimar und die »Thüringer Allgemeine« (www.thueringer-allgemeine.de) für Erfurt. Beide Blätter werden in der Zeitungsgruppe Thüringen (ZGT) gemacht, die zur WAZ-Mediengruppe gehört. Neben den Tageszeitungen informieren darüber hinaus die Stadtmagazine »Prinz« und »Blitz« monatlich über Veranstaltungen in Weimar und Erfurt (www.blitz-world.de und www.stadtmagazin.prinz.de/weimar). In Erfurt gibt die Tourismusinformation zudem noch das »Erfurt-Magazin« mit vielen Veranstaltungen heraus (www.erfurt-magazin.info).

ZOLL

Reisende aus Österreich dürfen Waren abgabefrei mit nach Hause nehmen, wenn diese für den privaten Gebrauch bestimmt sind. Gewisse Richtmengen sollten jedoch nicht überschritten werden (z. B. 800 Zigaretten, 90 l Wein, 10 kg Kaffee). Weitere Auskünfte erhalten Sie unter www.bmf.gv.at/zoll.
Reisende aus der Schweiz dürfen Waren im Wert von 300 SFr abgabenfrei mit nach Hause nehmen, wenn diese für den privaten Gebrauch bestimmt sind. Tabakwaren und Alkohol fallen nicht unter diese Wertgrenze und bleiben in festgelegten Mengen abgabefrei (z. B. 200 Zigaretten). Weitere Auskünfte unter www.zoll.ch.

Kartenatlas

Maßstab 1:10 000 (Weimar), 1:9000 (Erfurt)

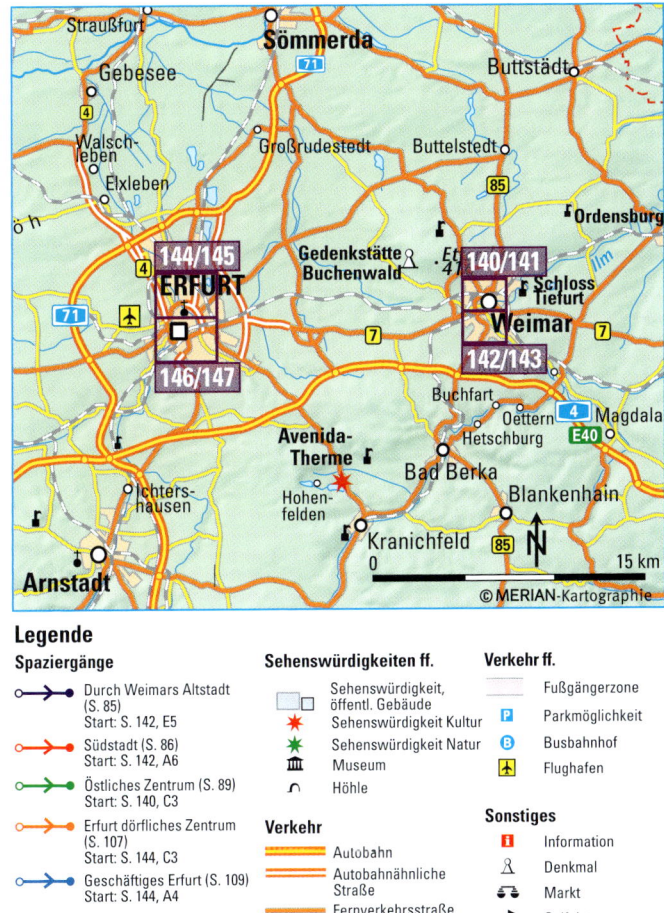

Legende

Spaziergänge

- Durch Weimars Altstadt (S. 85) Start: S. 142, E5
- Südstadt (S. 86) Start: S. 142, A6
- Östliches Zentrum (S. 89) Start: S. 140, C3
- Erfurt dörfliches Zentrum (S. 107) Start: S. 144, C3
- Geschäftiges Erfurt (S. 109) Start: S. 144, A4

Sehenswürdigkeiten

- MERIAN-TopTen
- MERIAN-Tipp

Sehenswürdigkeiten ff.

- Sehenswürdigkeit, öffentl. Gebäude
- Sehenswürdigkeit Kultur
- Sehenswürdigkeit Natur
- Museum
- Höhle

Verkehr

- Autobahn
- Autobahnähnliche Straße
- Fernverkehrsstraße
- Hauptstraße
- Nebenstraße
- Unbefestigte Straße, Weg

Verkehr ff.

- Fußgängerzone
- Parkmöglichkeit
- Busbahnhof
- Flughafen

Sonstiges

- Information
- Denkmal
- Markt
- Golfplatz
- Aussichtspunkt

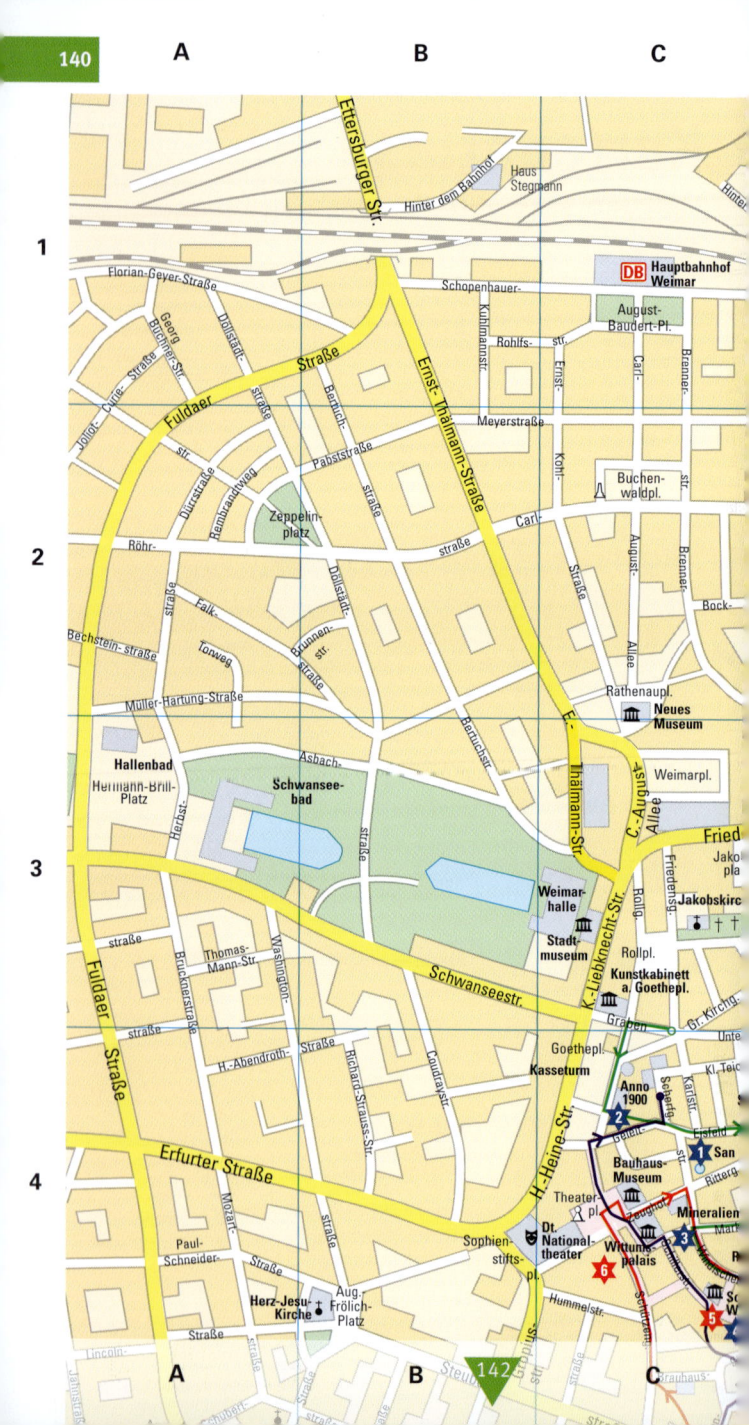

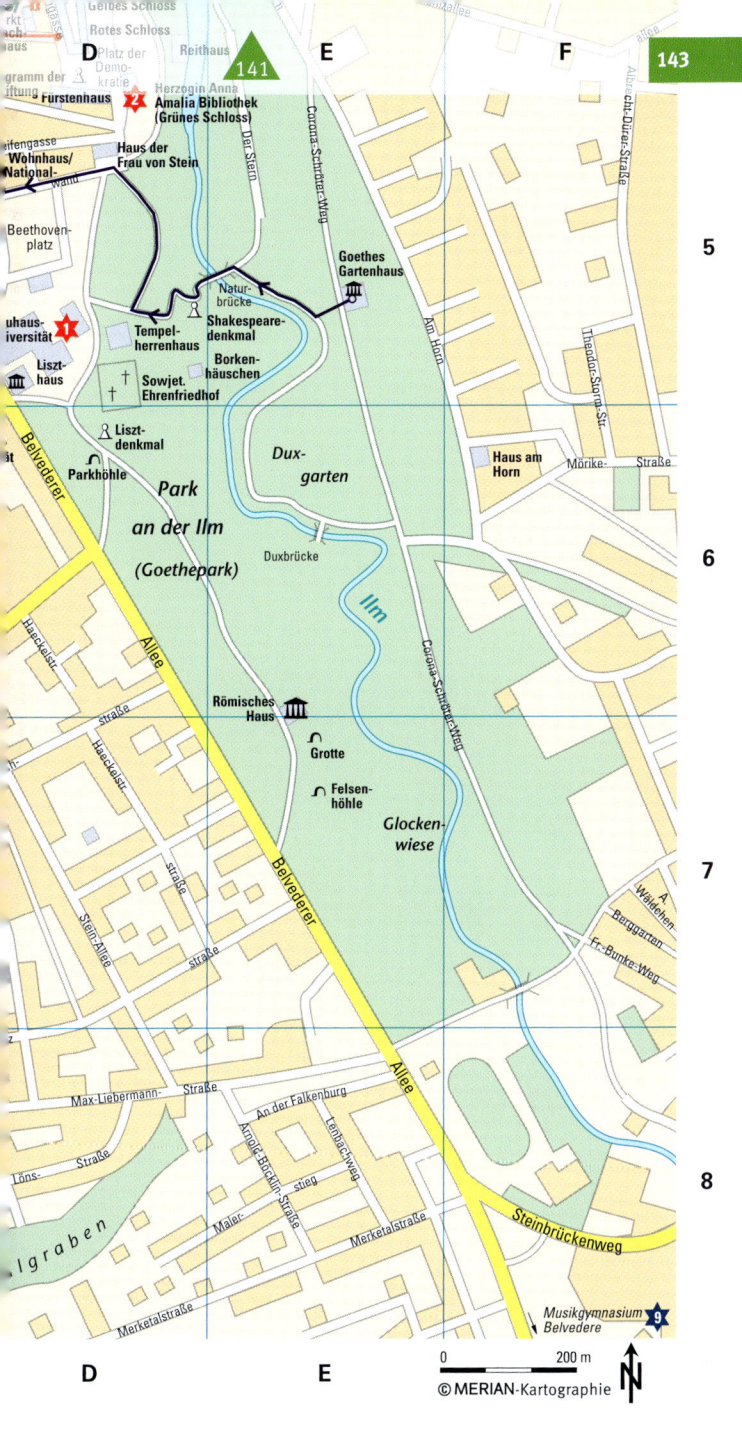

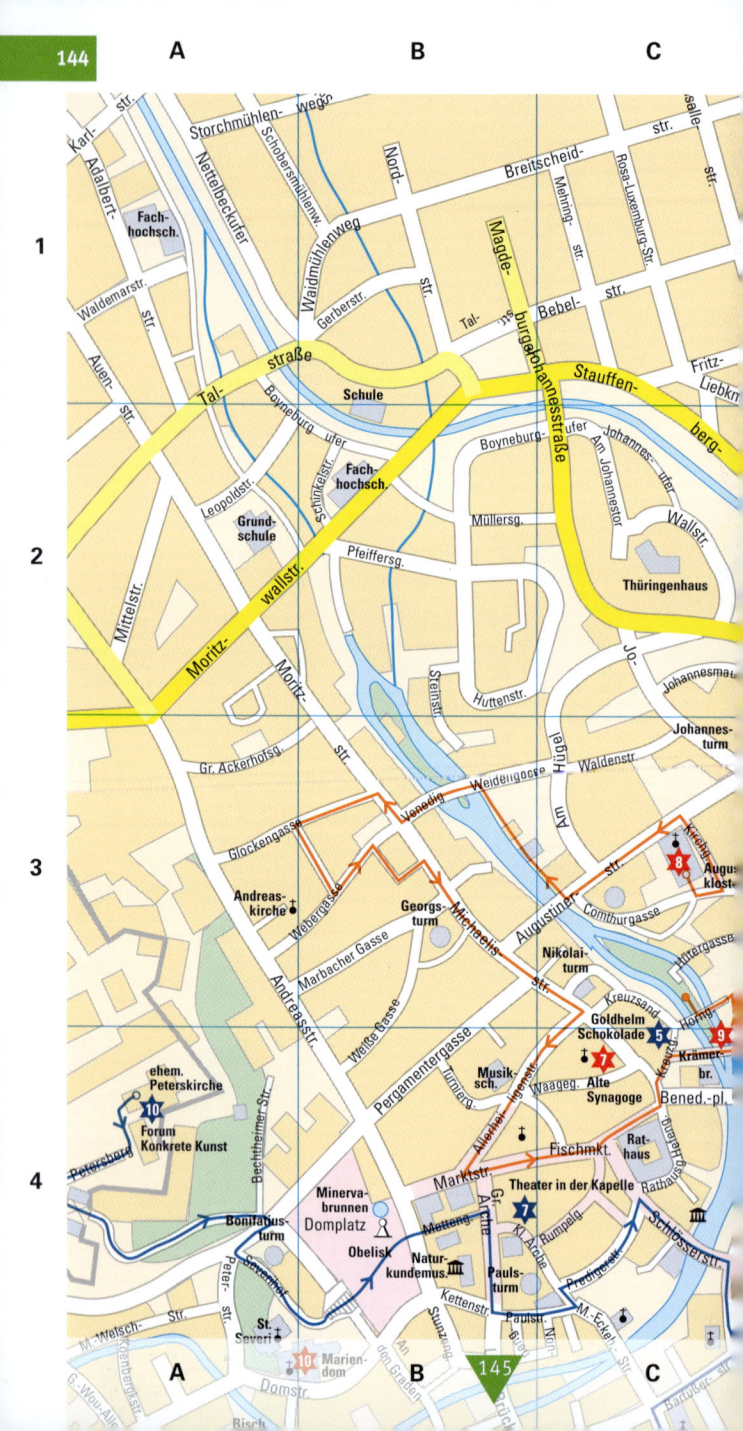

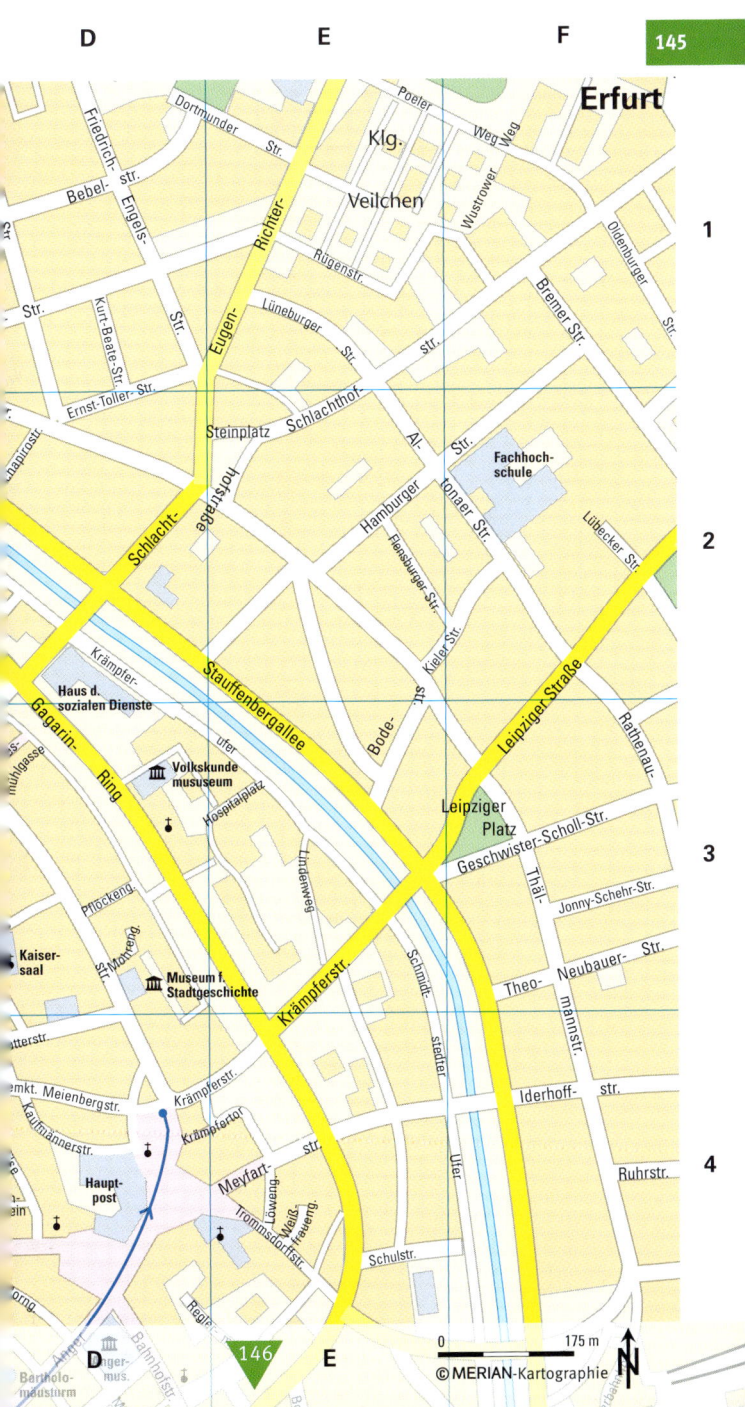

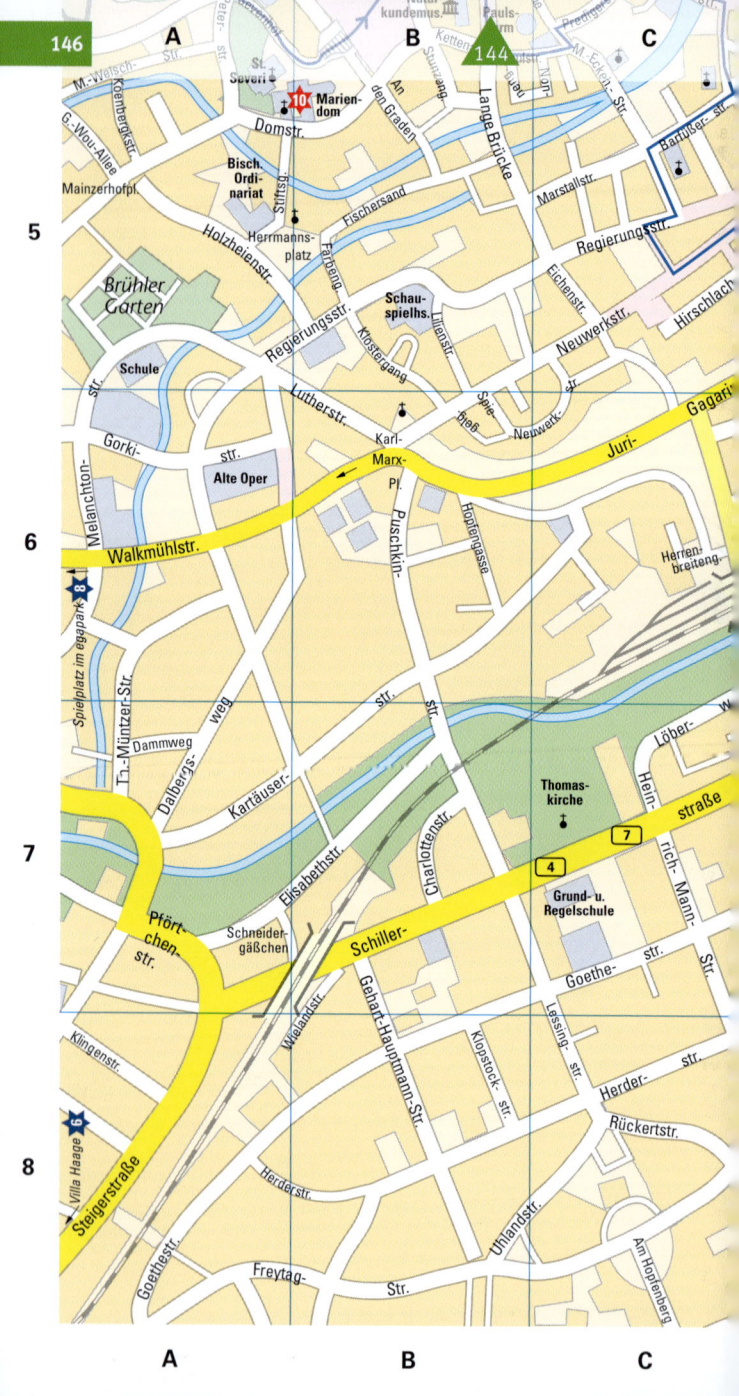

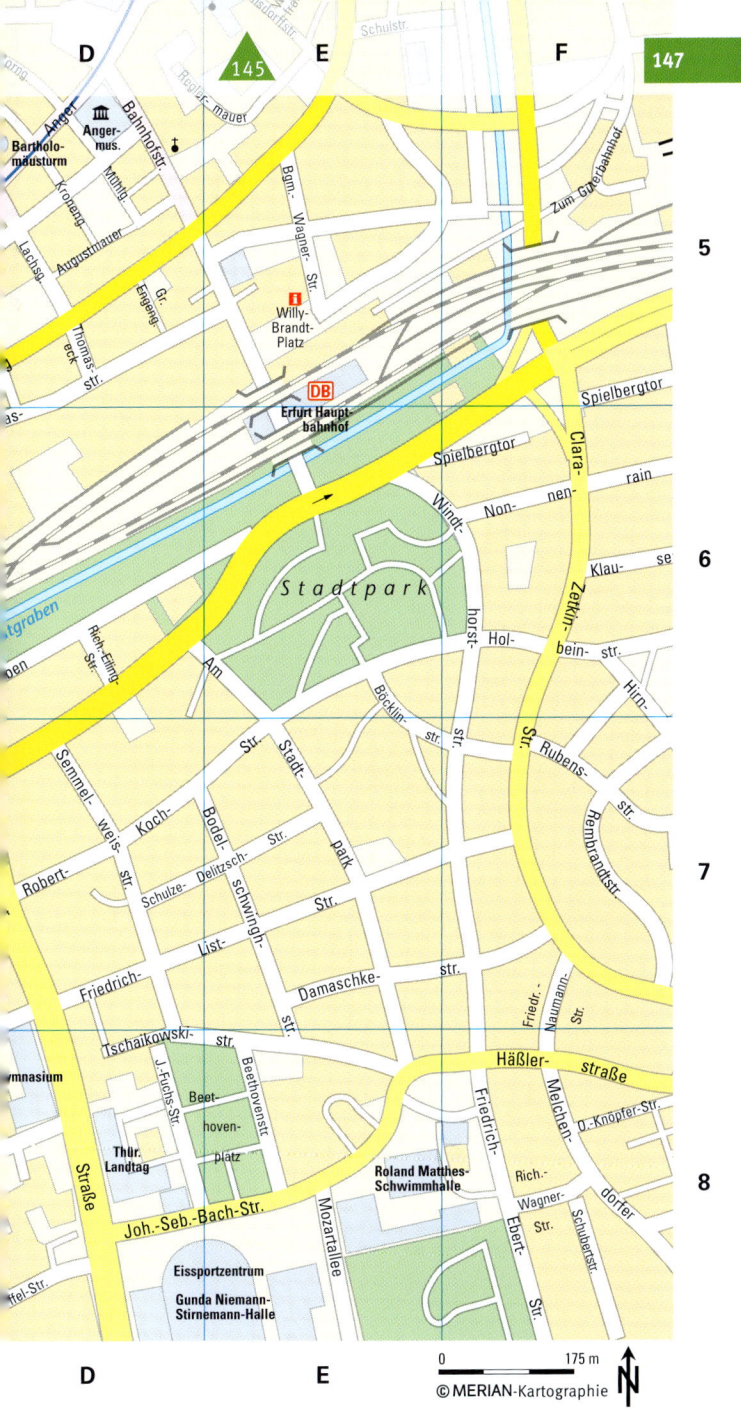

Kartenregister

Weimar

Ackerwand 142, C5-D5
Albrecht-Dürer-Straße 141, F4
Albrecht-Dürer-Straße 143, F5-F6
Alexander-Olbricht-Straße 142, B8-C8
Am Horn 141, E4
Am Horn 143, E5-F7
Am Kirschberg 141, D2-D3
Am Poseckschen Garten 142, C5-C6
Am Schießhaus 141, E3-F3
Am Wäldchen 143, F7
Amalienstraße 142, C5-C6
An der Falkenburg 143, E8
An der Lehne 142, B8-C7
Arnold-Böcklin Straße 143, E8
Asbachstraße 140, A3-B3
Asternweg 142, C8

Bahnstraße 141, D1-E1
Bauhausstraße 142, C6-D6
Bechsteinstraße 140, A2
Belvederer Allee 143, D6-F8
Berggarten 143, F7
Berkaer Straße 142, A8-D6
Bertuchstraße 140, B2-C3
Bockstraße 140, C2
Brauhausgasse 142, C5
Brehmestraße 140, C1-C2
Brennerstraße 140, C1-C2
Brucknerstraße 140, A3-A4
Brühl 141, D3
Brunnenstraße 140, A2-B2
Buttelstedter Straße 141, D1

Carl-August-Allee 140, C1-C3
Carl-von-Ossietzky-Straße 140, B2-D2
Corona-Schröter-Weg 143, E5-F8
Coudraystraße 140, B3-B4
Cranachstraße 142, A5-B6

Der Stern 143, E5
Döllstädtstraße 140, A1-B3
Dürrstraße 140, A2

Eduard-Rosenthal-Straße 141, D2-F2
Erfurter Straße 140, A4-B4
Ernst-Thälmann-Straße 140, B1-C3

Falkstraße 140, A2-B2
Ferdinand-Freiligrath-Straße 141, D3
Florian-Geyer-Straße 140, A1-B1
Frank-Bunke-Weg 143, F7
Frauenplan 142, C5
Frauentorstraße 142, C5-D5
Freiherr-v.-Stein-Allee 142, C6-D8
Freytag-Straße 142, C8
Friedensgasse 140, C3
Friedensstraße 140, C3-E3
Friedrich-Ebert-Straße 141, D1-D3
Friesstraße 141, D1-D2
Fuldaer Straße 140, B1-A4

Geleit-Eisfeld 140, C4
Georg Büchner-Straße 140, A1
Geschw.-Scholl-Straße 142, C6-D5
Gläserstraße 141, D1-D2
Graben 140, C3
Gropiusstraße 140, B4
Gropiusstraße 142, B5
Große Kirchgasse 140, C3-C4
Großmutterleite 141, F4
Grüner Markt 141, D4
Gutenbergstraße 142, A6-B6

Haeckelstraße 143, D6-D7
Hans-Wahl-Straße 141, E3-E4
Hegelstraße 142, B5-C5
Heinrich-Heine-Straße 140, B4-C3
Hellerweg 141, F4
Helmholtzstraße 142, C8-E7
Herbststraße 140, A2-A3
Hermann-Abendroth-Straße 140, A4-B4
Hermann-Löns-Straße 142, C8-D8

Kartenregister

Hinter dem Bahnhof 140, B1-D1
Hoher Weg 142, C8
Humboldtstraße 142, A7-C5
Hummelstraße 140, C4

Jahnstraße 142, A5
Jakobstraße 140, C3-D3
Jenaer Straße 141, E4-F4
Joliot-Curie-Straße 140, A1-A2

Karl-Haußknecht-Straße 142, C6-C7
Karl-Liebknecht-Straße 140, C3
Karlstraße 140, C4
Kaufstraße 141, D4
Kegelbrücke 141, D4-E3
Kirschberg 141, E2
Kleine Teichgasse 140, C4-D4
Kohl-Ernst-Straße 140, C1-C2
Kollegiengasse 141, D4
Krausweg 141, F4
Kuhlmannstraße 140, B1

Leibnizallee 141, E4-F4
Lenbachweg 143, E8
Lessingstraße 142, B8-C8
Lincoln-Straße 140, A4
Lincoln-Straße 142, A5
Lisztstraße 142, A6-B5
Lortzingstraße 142, C7-D7
Ludwig-Feuerbach-straße 142, C7-D6

Malerstieg 143, D8-E8
Marienstraße 142, C5-D5
Marktstraße 140, C4-D4
Marstallstraße 141, D3-D4
Max-Liebermann-Straße 143, D8-E8
Merketalstraße 143, D8-F8
Meyerstraße 141, D2-E2
Meyerstraße 140, B2-D2
Mörike-Straße 143, F6
Mozartstraße 140, A4
Müller-Hartung-Straße 140, A2-B2
Musäusstraße 141, E4

Pabststraße 140, B2
Paul-Klee-Straße 142, B8
Paul-Schneider-Straße 140, A4

Rainer-Maria-Rilke-Straße 142, C6-C8
Ratstannenweg 142, C8
Rembrandtweg 140, A2
Richard-Wagner-Straße 142, A5-B5
Richard-Strauss-Straße 140, B4
Rittergasse 140, C4
Rohlfsstraße 140, B1-C1
Röhrstraße 140, A2-B2
Rollgasse 140, C3
Rosenweg 142, C7
Rothäuserbergweg 141, E4
Rudolf-Breitscheid-Straße 142, C6

Scharnhorststraße 142, A7
Scherfgassestr 140, C4
Schillerstraße 140, C4
Schlachthofstraße 141, E1-E2
Schloßgasse 141, D4
Schopenhauerstraße 140, B1-D1
Schubertstraße 142, A5-C5
Schützengasse 140, C4
Schwabestraße 142, A5
Schwanseestraße 140, B3-C3
Seifengasse 143, D5
Silberblick 142, A7-B7
Sonnenweg 142, B8-C8
Steinbrückenweg 143, F8
Steinhügelweg 142, A8-B8
Sternbr. 141, D4-E4
Steubenstraße 142, B5-C5

Theodor-Hagen-Weg 142, B7-C6
Theodor-Körner-Straße 142, A7-B7
Theodor-Storm-Straße 143, F5-F6
Thomas-Mann-Straße 140, A3
Thomas-Müntzer-Straße 142, A5-B5
Tiefurter Allee 141, E3-F3
Torweg 140, A2
Trierer Straße 142, B5
Tulpenweg 142, B8-C8

150 REGISTER

Untergraben 140, C3-D3

Vorwerksgasse 141, D4

Wagnergasse 141, D3
Washingtonstraße 140, A3-B4
Wilhelm-Bode-Allee 142, C7-D8
Wilhelm-Külz-Straße 142, A6-B6
Windischenstraße 140, C4-D4
Windmühlenstraße 142, A6-B6
Zelterweg 141, F4
Zeughof 140, C4
Zöllnerstraße 142, A5-A6
Zum Wilden Graben 142, C7-C8

Erfurt

Adalbertstraße 144, A1
Allerheiligenstraße 144, B4-C3
Altonaer Straße 145, E2-F2
Am Hopfenberg 146, C8
Am Hügel 144, C2-C3
Am Johannestor 144, C2
Am Stadtpark 147, D6-E8
An den Graden 146, B5
Andreasstraße 144, A3-B4
Arnstädter Straße 147, D7-D8
Auenstraße 144, A1-A2
Augustinerstraße 144, B3-C3
Augustmauer 147, D5

Bahnhofstraße 147, D5
Barfüßerstraße 146, C5
Bebelstraße 144, B1-D1
Bebelstraße 145, D1
Bechtheimer Straße 144, A4
Beethovenstraße 147, E8
Bürgermeister-Wagner-Straße 147, E5
Böcklinstraße 147, E6-F6
Bodelschwinghstraße 147, D7-E8
Bodestraße 145, E2-E3
Borngasse 145, D4
Boyneburgufer 144, A1-C2
Breitscheidstraße 144, B1-C1
Bremer Straße 145, F1-F2

Charlottenstraße 146, B7
Clara-Zetkin-Straße 147, F5-F7
Comthurgasse 144, C3

Dalbergsweg 146, A6-A7
Damaschkestraße 147, E7-F7
Dammweg 146, A7
Domstraße 146, A5-B5
Dortmunder Straße 145, D1-E1

Eichenstraße 146, C5
Elisabethstraße 146, A7-B7
Ernst-Toller-Straße 145, D1-D2
Eugen-Richter-Straße 145, E1

Farbengasse 146, B5
Fischersand 146, B5
Flensburger Straße 145, E2
Franckstraße 144, C3-D2
Friedrich Engels-Straße 145, D1
Friedrich-Ebert-Straße 147, F8
Friedrich-List-Straße 147, D7-E7
Friedrich-Naumann-Straße 147, F8
Fritz-Büchner-Straße 144, C1-D1
Futterstraße 145, D3-D4

Gerberstraße 144, B1
Gerhard-Wou-Allee 146, A5
Gerhart-Hauptmann-Straße 146, B7-B8
Geschwister-Scholl-Straße 145, E3-F3
Glockengasse 144, A3-B3
Goethestraße 146, A8-D7
Gorkistraße 146, A6
Gotthardtstraße 144, C3-D3
Grafengasse 144, C4-D4
Grafengasse 147, D5
Große Ackerhofsgasse 144, A3
Große Arche 144, B4
Große Engengasse 147, D5
Gustav-Freytag-Straße 146, A8-D7

Hamburger Straße 145, E2-F1
Häßlerstraße 147, F8
Heilige Grabesmühlgasse 145, D3
Heinrich-Mann-Straße 146, C7-D8

Kartenregister 151

Herderstraße 146, C8-D7
Herderstraße 146, A8-D7
Herrenbreitengasse 146, C6
Hirnzigenweg 147, F6-F7
Hirschlachufer 146, C5-D5
Holbeinstraße 147, F6
Holzheienstraße 146, A5-B5
Hopfengasse 146, B7
Horngasse 144, C3
Hospitalplatz 145, E3
Hütergasse 144, C3
Huttenstraße 144, B2-C2

Johann-Sebastian-Bach-Straße 147, D8-F8
Johannesmauer 144, C2-D2
Johannesstraße 144, B1-D4
Johannesufer 144, C2
Jonny-Schehr-Straße 145, F3-F4
Josef-Ries-Straße 144, C1-D2
Junkersand 144, C4-D4
Jürgen-Fuchs-Straße 147, D8
Juri-Gagarin-Ring 144, C2-E4
Juri-Gagarin-Ring 146, B6-E5

Karlstraße 144, A1
Kartäuserstraße 146, A7-C6
Kaufmännerstraße 145, D4
Kettenstraße 144, B4
Kieler Straße 145, E2-F2
Kirchgasse 144, C3
Klausenerstraße 147, F6
Kleine Arche 144, B4-C4
Klingenstraße 146, A8
Klopstockstraße 146, B8
Klostergang 146, B5-B6
Koenbergkstraße 146, A5
Krämpferstraße 145, D4-E4
Krämpfertor 145, D4-E4
Krämpferufer 145, D2-E3
Kreuzgasse 144, C4
Kreuzsand 144, C3
Kronengasse 147, D5
Kurt-Beate-Straße 145, D1-D2

Lachsgasse 147, D5
Lange Brücke 146, B5-C5
Lassallestraße 144, C1
Leipziger Straße 145, F2-F3
Leopoldstraße 144, A2
Lessingstraße 146, C7-C8
Liebknechtstraße 144, C1-D2
Lilienstraße 146, B5
Lindenweg 145, E3
Löberwallgraben 146, C7-D6
Löwengasse 145, E4
Lübecker Straße 145, F2
Lüneburger Straße 145, E1
Lutherstraße 146, A5-B6

Magdeburger Allee 144, B1
Marbacher Gasse 144, A3-B3
Marktstraße 144, B4
Marstallstraße 146, C5
Maximilian-Welsch-Straße 146, A5
Maximilian-Welsch-Straße 144, A4
Mehringstraße 144, C1
Meienbergstraße 145, D4
Meister-Eckehart-Straße 146, C5
Meister-Eckehart-Straße 144, C4
Melanchtonstraße 146, A5-A6
Melchendorfer Straße 147, F8
Mettengasse 144, B4
Meyfartstraße 145, E4-F4
Michaelisstraße 144, B3-C4
Mittelstraße 144, A2
Mohrengasse 145, D3
Moritzstraße 144, A2-B3
Moritzwallstraße 144, A3-B1
Mozartallee 147, E8
Mühlgasse 147, D5
Müllersgasse 144, B2-C2

Nettelbeckufer 144, A1
Neuwerkstraße 146, C5
Nonnengasse 146, B5-C5
Nonnenrain 147, F6
Nordstraße 144, B1
Nornengasse 144, B4-C4

Oldenburger Straße 145, F1
Otto-Knöpfer-Straße 147, F8

Paulstraße 144, B4-C4
Pergamentergasse 144, B3-B4
Petersberg 144, A4
Peterstraße 144, A4
Pfeiffersgasse 144, B2-C2
Pflöckengasse 145, D3
Pförtchenstraße 146, A7
Pilse 145, D4
Poeler Weg 145, E1-F1
Predigerstraße 144, C4
Puschkinstraße 146, B6-B7

Rathausbrücke 144, C4
Rathausgasse 144, C4
Rathenaustraße 145, F2-F3
Regierungsstraße 146, A7-D5
Reglermauer 145, D4-E4
Reglermauer 147, D5-E5
Rembrandtstraße 147, F7
Richard-Eiling-Straße 147, D6
Richard-Wagner-Straße 147, F8
Robert-Koch-Straße 147, D7-F6
Rosa-Luxemburg-Straße 144, C1
Rosengasse 146, C6-D6
Rubensstraße 147, F7
Rückertstraße 146, C8
Rügenstraße 145, E1
Ruhrstraße 145, F4

Schapirostraße 145, D2
Schillerstraße 146, A7-F5
Schinkelstraße 144, B2
Schlachthofstraße 145, D2-F1
Schmidtstedter Ufer 145, E3-F4
Schobersmühlenweg 144, A1-B1
Schottenstraße 145, D3-D4
Schubertstraße 147, F8
Schulstraße 145, E4-F4
Schulze-Delitzsch-Straße 147, D7-E7
Seengäßlein 145, D4
Semmelweisstraße 147, D7
Severihof 144, A4-B4
Spiegelgasse 146, B6
Spielbergtor 147, E6-F6
Stauffenbergallee 144, C1-F4
Stauffenbergallee 145, D2-F4
Steigerstraße 146, A8
Steinplatz 145, E2
Steinstraße 144, B2-B3
Stiftsgasse 146, A5
Storchmühlenweg 144, A1-B1
Stunzengasse 144, B4
Stunzengasse 146, B5

Talstraße 144, B1
Talstraße 144, A2-B1
Thälmannstraße 145, F3-F4
Thomas-Müntzer-Straße 146, A6-A7
Thomaseck 147, D5
Thomasstraße 146, C6-E5
Trommsdorffstraße 145, E4
Tschaikowskistraße 147, D8-E8
Turniergasse 144, B4

Uhlandstraße 146, B8-C8

Venedig 144, C3-D4
Viktor-Scheffel-Straße 146, C8-D8

Waagegasse 144, B4-C4
Waidmühlenweg 144, B1
Waldemarstraße 144, A1
Waldenstraße 144, C3
Walkmühlstraße 146, A6-B6
Wallstraße 144, C2
Webergasse 144, A3-B3
Weidengasse 144, B3-C3
Weiße Gasse 144, B3-B4
Weißfrauengasse 145, E4
Weitergasse 146, C5-D5
Wenigemarkt 145, D4
Wielandstraße 146, A8-B7
Windthorststraße 147, E6-F8

Zum Güterbahnhof 147, F5

HAUPTSACHE UNGEWÖHNLICH.

Hauptsache zu zweit: Das neue MERIAN-Buch zeigt Trauminseln für die Flitterwochen, begleitet Liebende, Freunde und ungleiche Paare zu nahen und fernen Zielen. Und präsentiert die verrücktesten Orte, an denen man eine Nacht verbringen kann. Die Reportagen und spektakulären Fotografien werden von 90 Reise-Ideen ergänzt, die mit Tipps und Adressen zum Nachmachen anregen. ISBN 978-3-8342-1179-8, € 24,95 (D), € 25,70 (A). WWW.MERIAN.DE

MERIAN
Die Lust am Reisen

Orts- und Sachregister

Wird ein Begriff mehrfach aufgeführt, verweist die **fett** gedruckte Zahl auf die Hauptnennung, eine *kursive* Zahl auf ein Foto.
Abkürzungen:
Hotel [H]
Restaurant [R]

Abendgestaltung
 [Erfurt] 52
 [Weimar] 26
ACC [Weimar] 29
Ägidienkirche [Erfurt] **91**, *90*, 108
Albert-Schweitzer-Gedenkstätte [Weimar] 65
Alboths [R, Erfurt] 47
Allerheiligenkirche [Erfurt] **91**, 108
Alte Synagoge [MERIAN-TopTen, Erfurt] 5, *92*, *100*, **101**, 103
Altenburg [Weimar] 65
Altes Schloss [Dornburg] 120
Altstadtpension [H, Erfurt] 42
Amalienhof [H, Weimar] *12*, 13
Andreasviertel [Erfurt] 5, **92**, *106*, 107
Anger [Erfurt] **92**, 109
Anger Sechs [R, Erfurt] 46
Angermuseum [Erfurt] 93, **103**
Anna Amalia [R, Weimar] 18
Anna Amalia Bibliothek [MERIAN-TopTen, Weimar] 4, 65, **69**
Anna Amalia, Herzogin 4, 69, 74, 83, 85, 128
Anno 1900 [MERIAN-Tipp, R, Weimar] *10/11*, **21**, 86
Anreise 130

Antikes [Weimar] 23
Apis Colori [Erfurt] *48*, *49*
Apotheken 133
Augustinerkloster [MERIAN-TopTen, Erfurt] **92**, 107, *108*
Auskunft 131
Aussichtsturm [Erfurt] 111
Auto 130, 136
Avenida-Therme [Hohenfelden] 122

Bach, Johann Sebastian 5, 31, 68, 75, 95, 128
Bad Berka 117
Bahn 130
Balsamine 116
Barfüßerkirche [Erfurt] **93**, 109
Bars
 [Erfurt] 53
 [Weimar] 27
Bauhaus 65, 69, 73, **76**, 77, 86, 87, 88, 103, 104
Bauhaus-Museum [Weimar] *76*, **77**, *87*, 88
Bauhaus-Universität [MERIAN-TopTen, Weimar] **65**, *68*, 87, *126*
Belvedere, Schloss [Weimar] 5, **73**
Bergwerk [Saalfeld] 117
Bevölkerung 126
Bibliotheca Amploniana [Erfurt] 94

Bioladen Rosmarin [Weimar] 37
Blauer Hof [H, Weimar] 15
Borkenhäuschen [Weimar] 72
Brasserie Central [R, Weimar] 20
Brühlerhöhe [H, Erfurt] 41
Bücher [Erfurt] 49
Bücherkubus [Weimar] 65, **68**, 88
Buchfahrt 117
Buchtipps 131

Café Füchsen [R, Erfurt] **47**, 108
Café Lobenstein [R, Erfurt] 37
Café Nerly [R, Erfurt] 47
Café Wildfang [R, Erfurt] 37
Café-Laden [R, Weimar] 21
Cafés
 [Erfurt] 47
 [Weimar] 21
Caponniere [R, Erfurt] 111
Charlotte [R, Weimar] 18
Citycards 131
Cognito [R, Erfurt] 37
Cranach, Lucas 5, 20, 66, 70, 75, 83, 96, 128
Cranachhaus [Weimar] 66
Crêperie du Palais [R, Weimar] **18**, 88, *88*

D.A.S Jugendtheater [Weimar] 29
Das kleine Hotel [H, Weimar] 15
DasDie [Erfurt] 54
Delikatessen [Erfurt] 50
Design 23

Orts- und Sachregister

Deutsches Bienenmuseum [Weimar] 38
Deutsches Gartenbaumuseum [Erfurt] 103
Deutsches Nationaltheater [Weimar] 4, 26, **29**, 86
Die Alte Oper/DasDie [Erfurt] 54
Die Arche [Weimar] 37
Die Wilde Bühne [Weimar] 29
Dietrich, Marlene 5, 89
Diplomatische Vertretungen 132
Domstufen-Festspiele [Erfurt] 58, 59
Dorint Am Goethepark [H, Weimar] 14
Dornburg 120
Dornburger Schlösser 120, 121
Dorotheehof Weimar [H, Weimar] 13
Dreiundvierzig [Erfurt] 53, 54
Druckereimuseum Benaryspeicher [Erfurt] 104

E-Werk/Lichthauskino [Weimar] 29
egapark [Erfurt] **94**, 96, 110
Einkaufen
 [Erfurt] 48
 [Weimar] 22
Eiscafé Dolomiti [R, Weimar] 21
Eisenbahnmuseum [Weimar] 79
Elephant [H, Weimar] 14
Elephantenkeller [R, Weimar] 19
Elisabethkapelle [Erfurt] 96
Erbenhof [Weimar] 85
Erfurter Ölmühle [Erfurt] 38

Erinnerungsort Topf & Söhne [Erfurt] 94
Essen und Trinken
 [Erfurt] 44
 [Weimar] 16
Ettersburg, Schloss [Weimar] 74
Events
 [Erfurt] 56
 [Weimar] 30

Familientipps
 [Erfurt] 60
 [Weimar] 34
Färbedorf Neckeroda **38**, 115
Feengrotten [Saalfeld] 116, 117
Feenwäldchen [Saalfeld] 118
Feiertage 132
Feininger, Lyonel 5, 13, 77, 116
Felsenkeller-Brauerei [Weimar] 87
Ferienwohnungen Am Lottenbach [H, Weimar] 14
Feste
 [Erfurt] 56
 [Weimar] 30
FilOnKuCy [Erfurt] 61
Fischmarkt [Erfurt] 2, 5, **97**
Flugzeug 130
Forum Konkrete Kunst [MERIAN-Tipp, Erfurt] 102, 105
Frauenplan [Weimar] 66
Freibad Schwanseebad [Weimar] 35
Freizeit- und Erholungspark Nordstrand [Erfurt] 61
Freizeitpark Stausee Hohenfelden 122
Fürstengruft [Weimar] 70
Fürstenhaus [Weimar] 66

Galerien
 [Erfurt] 105
 [Weimar] 83
Galli-Theater [Weimar] 35
Gartenbaumuseum [Erfurt] 110
Gästehaus Nikolai [H, Erfurt] **41**, 107
Gasthaus Feuerkugel [R, Erfurt] 47
Gasthof Luise [R, Weimar] 21
Gauforum [Weimar] 66
Gedenkstätte Buchenwald [Weimar] 67
Gelbes Schloss [Weimar] 68
Geld 132
Geografie 127
Geschichte 128
Ginkgo-Museum [Weimar] 79
Goethe- und Schiller-Archiv [Weimar] 68
Goethe, Johann Wolfgang von 4, 13, 14, 17, 19, 20, 23, 25, 27, 29, 32, 65, 66, 68, 69, 70, 72, 73, 74, 75, 79, 80, 85, 86, 91, 94, 98, 114, 117, 118, 119, 120, 121, 128
Goethepavillon [Weimar] 29
Goethes Gartenhaus [Weimar] 64, 78, **80**, 85
Goethes Wohnhaus und Goethe-Nationalmuseum [MERIAN-TopTen, Weimar] 6, **79**, 80, 85
Goethewanderweg 114
Goldhelm Schokolade [MERIAN-Tipp, Erfurt] 44, 47
Gropius, Walter 5, 66, 76, 77, 88, 128

156 REGISTER

Großkochberg *112/113*, 114
Grottoneum [Saalfeld] 118
grüner reisen 36
Grünes Schloss [Weimar] 68

Hauptpost [Erfurt] 94
Hauptstaatsarchiv [Weimar] 69
Haus am Horn [Weimar] 69
Haus der Frau von Stein [Weimar] 69
Haus Henneberg [Weimar] 87
Haus Hohe Pappeln [Weimar] 80, *81*
Herder, Johann Gottfried von 4, 13, 68, 74, 75, 114, 128
Herderkirche [Weimar] 75
Herz-Jesu-Kirche [Weimar] 69
Herzogin Anna Amalia Bibliothek [MERIAN-TopTen, Weimar] 4, 65, **69**
Historischer Friedhof [Weimar] 70
Hohenfelden 122
Hotel am Frauenplan [H, Weimar] 15
Hotels
 [Erfurt] 41
 [Weimar] 13

IBB Hotel [H, Erfurt] *40*, 42
Il Cortile [R, Erfurt] 45
Ilmpark [Weimar] 4, **72**, 85
Ilmtalradweg *115*, 116
Indoorspielplatz Andilli [Weimar] 35
Internet 132

Jacobskirchhof [Weimar] 70
Jakobskirche [Weimar] 70
Japanischer Garten [Erfurt] 110
Jena 118
Jentower [Jena] 120
Johanns Hof [R, Weimar] 19
Jüdisches Museum [Erfurt] 100

Kabarett Das Lachgeschoss [Erfurt] 54
Kabarett Sinnflut [Weimar] 29
Kaffee [Weimar] 23
Kaiserin Augusta [H, Weimar] 14
Kaisersaal [Erfurt] 94
Kakteenhaus [Erfurt] 110
Kartenvorverkauf 133
Kaufmannskirche [Erfurt] 95
Kika Erfurt [Erfurt] 61
Kinderprogramm der Klassik Stiftung [MERIAN-Tipp, Weimar] *34*, 35
Kinderuniversität [Weimar] 35
Kino
 [Erfurt] 54
 [Weimar] 28
Kipperquelle [H, Weimar] 37
Kirms-Krakow-Haus [Weimar] **70**, 80
Klee, Paul 5, 77, 88
Kleidung [Weimar] 23
Kleine Residenz am Schloss [H, Weimar] 15
Kletterwald [Hohenfelden] 122
Kommandantenhaus [Erfurt] 109
Konsulate 132
Kosmetik [Weimar] 24
Köstritzer Schwarzbierhaus [R, Weimar] 19

Krämerbrücke [MERIAN-TopTen, Erfurt] 5, 49, *62/63*, **95**, 108
Kraftschmuck [Erfurt] 51, *51*
Krankenhaus 133
Krankenversicherung 133
Kulturhof Krönbacken [Erfurt] 95
Kunsthalle Erfurt [Erfurt] 104
Kunsthalle Harry Graf Kessler [Weimar] 80
Kunsthandwerk
 [Erfurt] 49
 [Weimar] 24
Künstliche Ruine [Weimar] 72
Kurmainzische Statthalterei [Erfurt] 98

La Casa dei Casa Colori [Haus der Farben] [H, Weimar] 14
Labyrinth-Hostel [H, Weimar] 15
Lage 127
Lebensladen [Erfurt] 38
Lebensmittel [Erfurt] 50
Leonardo [H, Weimar] 14
Liebermann, Max 5
Liszt-Haus [Weimar] 80
Liszt, Franz 5, 13, 65, 68, 69, 80, 95, 128
Literatur [Weimar] 28
Luisenturm 114
Luther, Martin 5, 41, 59, 65, 91, 92, 93, 97, 103, 107, 108

Maloca-Auerworld [Auerstedt] 39
Margaretha-Reichardt-Haus [Erfurt] 104
Mariendom [MERIAN-TopTen, Erfurt] 5, **95**, 109

Orts- und Sachregister

Marstall [Weimar] 71
Martinsgans 45
Martinshörnchen 45
Medizinische Versorgung 133
Meister Eckhart 5, 91, 97
Mellingen 116
Messer [Weimar] 25
Michaeliskirche [Erfurt] **96**, 108
Mietwagen 136
Mineralienladen [MERIAN-Tipp, Weimar] *8*, 24
Mitspieltheater die Schotte [Erfurt] *60*, 61
Mitteldeutscher Rundfunk [MDR] 110
Mode [Erfurt] 50
Mon Ami [Weimar] 28, *28*
Museen
  [Erfurt] 102
  [Weimar] 78
Museum für Thüringer Volkskunde [Erfurt] 105
Museum für Ur- und Frühgeschichte [Weimar] **81**, 87
Museum Neue Mühle [Erfurt] *104*, 105
Musik
  [Erfurt] 54
  [Weimar] 28
Musikgymnasium Belvedere [MERIAN-Tipp, Weimar] 5, **73**

Naturkundemuseum [Erfurt] **105**, 109
Natürlich Natur [Erfurt] 38
Naturschutzlehrstätte Fuchsfarm [Bischleben] 61
Nebenkosten 135
Neckeroda 38, **114**
Neues Museum [Weimar] 81

Neues Schauspiel [Erfurt] 55
Nietzsche-Archiv [Weimar] 72
Nietzsche, Friedrich 5, 68, 72
Nikolaiturm [Erfurt] **96**, 107
Notfallambulanzen 133
Notruf 134

Öffentliche Verkehrsmittel 136
Ökodorf Schloss Tonndorf [Tonndorf] 39
Optisches Museum [Jena] 120

Palais Dürckheim [Weimar] 86
Palais Schardt [Weimar] **29**, 86
Park an der Ilm [Weimar] 4, **72**, 85
Parkhöhle [Weimar] **72**, 85
Pavillon-Presse [Weimar] 81
Pèlerinages Kunstfest [Weimar] *30*, 32
Pension Mariposa [H, Weimar] 15
Pension Rad-Hof [R, Erfurt] 37
Peterskirche [Erfurt] 109
Phyletisches Museum [Jena] 120
Pier 37 [R, Erfurt] 46
Pizzeria da Antonio [R, Erfurt] 18
Pogwischhaus [Weimar] 72
Politik 127
Post 134
Predigerkirche [Erfurt] **97**, 109
Puppenstubenmuseum [Weimar] 82

Quo Vadis Naturmode [Erfurt] 38

Radisson Blu [H, Erfurt] 42
Rathaus [Erfurt] 97
Rathaus [Weimar] **71**, 73
Reisedokumente 134
Reisewetter 134
Reithaus [Weimar] 72
Religion 127
Renaissanceschloss [Dornburg] 120
Residenz-Café [R, Weimar] **21**, 89
Restaurants
  [Erfurt] 45
  [Weimar] 17
Rokokoschloss [Dornburg] 120
Römisches Haus [Weimar] 72
Rossini [R, Erfurt] 110
Rostbratwurst [R, Weimar] 21
Rostbratwurst **17**, 45
Rotes Schloss [Weimar] 68
Russischer Hof [H, Weimar] 14
Russischer Hof [R, Erfurt] 45

Saalfeld 118
San [MERIAN-Tipp, R, Weimar] *16*, 17
Sankt-Severi-Kirche [Erfurt] 97
Scenario [R, Weimar] 18, *19*
Scharfe Ecke [R, Weimar] 19
Schiller, Friedrich 4, 13, 19, *27*, 35, 68, 70, 74, 75, 79, 82, 86, 91, 94, 114, 118, 119, 128
Schillers Gartenhaus [Jena] 119
Schillers Wohnhaus [MERIAN-TopTen, Weimar] **82**, *84*, 86

Schirmmuseum [Weimar] 82
Schloss Belvedere [Weimar] 5, **73**
Schloss Ettersburg [Weimar] 74
Schloss Kochberg [Großkochberg] 114
Schloss Tiefurt [MERIAN-TopTen, Weimar] 74
Schloss Tonndorf [Tonndorf] 39
Schmuck
  [Erfurt] 51
  [Weimar] 25
Schöpsenbraten 17
SchuhSign [Erfurt] 38
Seife & Sinne [Weimar] 24, *25*
Souvenirs [Weimar] 25
Spielplatz im egapark [MERIAN-Tipp, Erfurt] 61
Spielzeug [Erfurt] 51
Stadtführung mit Hofkrähe Cora [Weimar] 35
Stadtführungen 134
Stadthaus [Weimar] 75
Stadtkirche St. Peter und Paul [Herderkirche] [Weimar] *74*, 75
Stadtmuseum [Weimar] 82
Stadtmuseum Haus zum Stockfisch [Erfurt] 105
Stadtschloss [Weimar] 4, **75**, 83
Stausee Hohenfelden 122
Steigerwald [Erfurt] 98
Suppenbar Estragon [R, Erfurt] 37, *39*
Sushi Bar & Café [R, Weimar] 17

Taschen [Weimar] 23
Taubach 116
Taxi 138
Telefon 136
Tempelherrenhaus [Weimar] 73
Theater
  [Erfurt] 54
  [Weimar] 29
Theater Erfurt [Erfurt] 55
Theater im Gewölbe [Weimar] 29
Theater in der Kapelle [MERIAN-Tipp, Erfurt] 55
Theaterfirma [Erfurt] 55
Thüringer Freilichtmuseum [Hohenfelden] 122
Thüringer Staatskanzlei [Erfurt] **98**, *99*, 110
Thüringisches Hauptstaatsarchiv [Weimar] 71
Tiefurt, Schloss [Weimar] 74
Tiere 136
Topf & Söhne [Erfurt] 94

Übernachten
  [Erfurt] 40
  [Weimar] 12
Übersee [R, Erfurt] 45
Universität [Erfurt] 98
Ursulinenkloster [Erfurt] 98

Verkehr 136
Versilia [R, Weimar] 18
Verwaltung 127
Victor's [H, Erfurt] 42
Vildesvaner [Weimar] 38
Villa am Park [H, Erfurt] 42
Villa Haage [MERIAN-Tipp, R, Erfurt] 53
Villa Hentzel [H, Weimar] 15
Volkssternwarte [Erfurt] 110
Vorwahlen 136

Waidhaus [H, Erfurt] 42
Waidspeicher [Erfurt] *52*, 55
Weihnachtsmarkt [Erfurt] *56*, 59
Weihnachtsmarkt [Weimar] 32
Weimarer Kaffeerösterei [Weimar] *22*, 23
Weimarhaus [Weimar] 83
Wieland, Christoph Martin 4, 68, 74, 128
Wildpark [Hohenfelden] 122
Wirtschaft 127
Wirtshaus Christoffel [R, Erfurt] 46
Wittumspalais [MERIAN-TopTen, Weimar] *82*, **83**, 88
Wohnhaus der Charlotte von Stein [Weimar] 85

Zeiss-Planetarium [Jena] 120
Zeiss, Carl 118
Zeitschneise [Weimar] 67
Zeitungen 138
Zermahlene Geschichte [Weimar] 71
Zeughof [Weimar] 89
Zitadelle Petersberg [Erfurt] 99
Zoll 138
Zum Güldenen Rade [R, Erfurt] *46*, 47
Zum Schwarzen Bären [R, Weimar] 19
Zum weißen Schwan [R, Weimar] **20**, *20*, 66, 85
Zum Zwiebel [R, Weimar] 20
Zumnorde [H, Erfurt] 41
Zur Sonne [R, Weimar] 20
Zwiebelmarkt [Weimar] 32, *33*

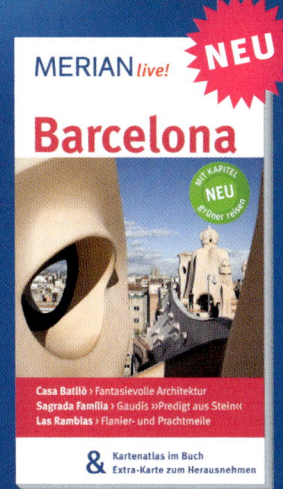

160 IMPRESSUM

Liebe Leserinnen und Leser,

vielen Dank, dass Sie sich für einen Titel aus unserer Reihe MERIAN *live!* entschieden haben. Wir freuen uns, Ihre Meinung zu diesem Reiseführer zu erfahren. Bitte schreiben Sie uns an merian-live@travel-house-media.de, wenn Sie Berichtigungen und Ergänzungen haben – und natürlich auch, wenn Ihnen etwas ganz besonders gefällt.

Alle Angaben in diesem Reiseführer sind gewissenhaft geprüft. Preise, Öffnungszeiten usw. können sich aber schnell ändern. Für eventuelle Fehler übernimmt der Verlag keine Haftung.

© **2012 TRAVEL HOUSE MEDIA GmbH, München**

MERIAN ist eine eingetragene Marke der GANSKE VERLAGSGRUPPE.

1. Auflage

Alle Rechte vorbehalten. Nachdruck, auch auszugsweise, sowie die Verbreitung durch Film, Funk, Fernsehen und Internet, durch fotomechanische Wiedergabe, Tonträger und Datenverarbeitungssysteme jeglicher Art nur mit schriftlicher Genehmigung des Verlages.

BEI INTERESSE AN DIGITALEN DATEN AUS DER MERIAN-KARTOGRAPHIE:
kartographie@travel-house-media.de

BEI INTERESSE AN ANZEIGENSCHALTUNG:
KV Kommunalverlag GmbH & Co KG
MediaCenterMünchen
Tel. 089/92 80 96 44
steuler@kommunal-verlag.de

TRAVEL HOUSE MEDIA
Postfach 86 03 66
81630 München
merian-live@travel-house-media.de
www.merian.de

PROGRAMMLEITUNG
Dr. Stefan Rieß
REDAKTION
Juliane Helf, Susanne Kronester
LEKTORAT
Ewald Tange, tangemedia, München
BILDREDAKTION
Nora Goth
SCHLUSSREDAKTION
Ulla Thomsen
SATZ
Ewald Tange, tangemedia, München
REIHENGESTALTUNG
Independent Medien Design,
Elke Irnstetter, Mathias Frisch
KARTEN
Gecko Publishing GmbH
für MERIAN-Kartographie
DRUCK UND BUCHBINDERISCHE VERARBEITUNG
Stürtz Mediendienstleistungen, Würzburg

Ein Unternehmen der
GANSKE VERLAGSGRUPPE

PEFC/04-31-1404

BILDNACHWEIS

Titelbild (Herzogin Anna Amalia Bibliothek, Weimar), Caro: Muhs • (Krämerbrücke, Erfurt), Your Photo Today: C. Bausch

alimdi.net 78 • Bildagentur Huber: R. Schmid 112/113, Szyszka 2, 62/63, 84, 121 • Deutsches Nationaltheater: T. Müller 26 • dpa picture alliance: U. Gerig 106, J. Kasper 116, M. Schutt 33, 81, 96 • Forum Konkrete Kunst, Erfurt 102 • M. Hoffmann 4, 9 M., 10/11, 12, 16, 22, 39, 44, 48, 51, 54, 64, 68, 71, 74, 87, 88, 91, 99, 104, 124/125, 126 • imago 52 • Jahreszeiten Verlag: Gourmet Picture Guide 40 • Klassik Stiftung Weimar 34, J Hauspurg 76 • laif: T. Babovic 6, 108, J. Glaescher 46, 58, Zanettini 20 • mauritius images 82, imagebroker 115 • Mitspieltheater Die Schotte 60 • Mon Ami 28 • Scenario 19 • P. Seidel 100 • Seife & Sinne 25 • M. Schuck 30 • Theater Erfurt: L. Edelhoff 56